Mit Beiträgen von

DOROTHEE SÖLLE

GÜNTER WALLRAFF

LUISE RINSER

HANS KÜNG

Wer hat dich so geschlagen?

Widerborstige Meditationen

Schweizer Verlagshaus

Herausgegeben vom Fernsehen DRS
anläßlich der Sendereihe
Musikalische Meditationen

Alle Rechte vorbehalten
Nachdruck in jeder Form sowie Wiedergabe
durch Fernsehen, Rundfunk, Film, Bild-
und Tonträger oder Benutzung für Vorträge,
auch auszugsweise, nur mit Genehmigung
des Verlags

© dieser Ausgabe 1989 by SV international/
Schweizer Verlagshaus AG, Zürich

Copyright der einzelnen Beiträge:

DOROTHEE SÖLLE   *Wer hat dich so geschlagen?*
© 1989 by Fernsehen DRS, Zürich

GÜNTER WALLRAFF   *Und macht euch die Erde untertan . . .*
© 1987 by Steidl Verlag, Göttingen
Abdruck mit freundlicher Genehmigung des Verlags

LUISE RINSER   *Die Mächtigen stürzt er vom Thron*
© 1989 by S. Fischer Verlag, Frankfurt a. M.
Abdruck mit freundlicher Genehmigung des Verlags

HANS KÜNG   *Opium des Volkes?*
© 1989 by Fernsehen DRS, Zürich

Umschlaggestaltung: Heinz von Arx, Zürich
Gesamtherstellung: Ebner Ulm
Printed in Germany

ISBN 3 7263 6611 3

INHALT

DOROTHEE SÖLLE
Wer hat dich so geschlagen? 7

GÜNTER WALLRAFF
Und macht euch die Erde untertan ... 25
Eine Widerrede

LUISE RINSER
Die Mächtigen stürzt er vom Thron 53
Ein politisches Gebet

HANS KÜNG
Opium des Volkes? 75
Eine theologische Meditation

ERWIN KOLLER
Nachwort 101

Anhang 113

DOROTHEE SÖLLE

Wer hat dich so geschlagen?

Zur »Johannespassion« von Johann Sebastian Bach

Wer hat dich so geschlagen,
Mein Heil, und dich mit Plagen
So übel zugericht'?
Du bist ja nicht ein Sünder
Wie wir und unsre Kinder,
Von Missetaten weißt du nicht.

Ich, ich und meine Sünden,
Die sich wie Körnlein finden
Des Sandes an dem Meer,
Die haben dir erreget
Das Elend, das dich schläget,
Und das betrübte Marterheer.

Gott, laß uns nicht schlafen, wenn deine Söhne und Töchter gequält werden. Laß uns wachen und beten.
Als ich zehn Jahre alt war, 1939, hatte Christus das Gesicht des alten jüdischen Geschäftsmannes bei uns an der Ecke, dem man bei der Gestapo die Zähne ausgeschlagen hatte. Im vorigen Jahr hatte er die Gestalt eines kleinen Mädchens auf den Philippinen, das sich an den Sextourismus verkaufen mußte. Am heutigen Tag, da wir diesen Gottesdienst feiern, wird Jesus 40 000mal verhungern als ein Kind der Dritten Welt.
»Jesus wird bis ans Ende der Welt in Todesqualen sein; man darf nicht schlafen während dieser Zeit.« Wir meditieren diesen Satz von Blaise Pascal miteinander. »Jésus sera en agonie jusqu'à la fin du monde: il ne faut pas dormir pendant ce temps-là.« Jesus wird auch heute zu Tode gefoltert und stirbt an der Kälte der Welt. Er stirbt an unseren Sünden.
Gott, laß uns nicht stumm sein, wenn dein Mensch preis-

gegeben wird. Laß uns nicht weghören, wenn deine Tochter schreit. Vor der Kreuzigung der Armen, die mitten unter uns geschieht, werden künftige Generationen so fassungslos stehen wie wir heute vor den Bildern von Bergen-Belsen.

Gott, laß uns nicht aufhören, nach dir zu fragen. Wir sind heute hier, weil wir nicht ohne dich leben wollen. Laß uns wachen und beten.
Laß du uns nicht allein. Zeig uns durch deine Passion, wer du bist, wie du heißt, wo du wohnst, Gott, damit wir dich nicht vergessen und uns nicht abschneiden von deiner großen Liebe, von deiner Passion. Nimm uns in deine Passion hinein, daß sie unsere wird, unsere große Liebe zum Leben. Laß uns teilhaben an deinem Schmerz in der Welt; wenn es denn zu viel verlangt ist, an Gottes Glück teilzunehmen, in dieser Welt, so laß uns wenigstens Gottes Schmerz in der Welt sein.

Da führten sie Jesum von Kaiphas vor das Richthaus, und es war frühe. Und sie gingen nicht in das Richthaus, auf daß sie nicht unrein würden, sondern Ostern essen möchten. Da ging Pilatus zu ihnen hinaus und sprach: »Was bringet ihr für Klage wider diesen Menschen?« Sie antworteten und sprachen zu ihm: »Wäre dieser nicht ein Übeltäter, wir hätten dir ihn nicht überantwortet.«
Da sprach Pilatus zu ihnen: »So nehmet ihr ihn hin und richtet ihn nach eurem Gesetze!« Da sprachen die Juden zu ihm: »Wir dürfen niemand töten.« Auf daß erfüllet würde das Wort Jesu, welches er sagte, da er deutete, welches Todes er sterben würde.
Da ging Pilatus wieder hinein in das Richthaus und rief Jesu und sprach zu ihm: »Bist du der Juden König?« Jesus antwortete:

»Redest du das von dir selbst, oder haben's dir andere von mir gesagt?« Pilatus antwortete: »Bin ich ein Jude? Dein Volk und die Hohenpriester haben dich mir überantwortet; was hast du getan?« Jesus antwortete: »Mein Reich ist nicht von dieser Welt; wäre mein Reich von dieser Welt, meine Diener würden darob kämpfen, daß ich den Juden nicht überantwortet würde; aber nun ist mein Reich nicht von dannen.«

Es war Kaiphas, der geraten hatte: »Es wäre gut, daß ein Mensch würde umbracht für das Volk.«
Es wäre gut, daß ein Mensch würde umgebracht für das Volk.
Es wäre gut, die Störenfriede, die Spinner und Spanner, die Spritzer und Sprayer einzusperren für das Volk.
Es wäre gut, die Gastarbeiter abzuschieben für das Volk.

Es wäre gut, die Aufrüstung durch die atemberaubende Schönheit der Probeflüge populär zu machen für das Volk.
Es wäre gut, die jetzt geborenen Babys in den Hungerländern nicht am Leben zu lassen; sie vermehren sich ja doch nur wieder.
Es wäre gut, einen Feind auszudenken für das Volk, damit sie endlich wissen, wofür sie arbeiten und Steuer zahlen und erfinden und eine Zukunft planen.
Es wäre gut, ein anderes Volk, ein schwarzes in Südafrika oder ein kommunistisches in Zentralamerika, zu neutralisieren.
Es wäre gut, einen Menschen umzubringen für das Volk.

Ach großer König, groß zu allen Zeiten,
Wie kann ich gnugsam diese Treu ausbreiten?
Keins Menschen Herze mag indes ausdenken,
Was dir zu schenken.

Ich kann's mit meinen Sinnen nicht erreichen,
Womit doch dein Erbarmen zu vergleichen.
Wie kann ich dir denn deine Liebestaten
im Werk erstatten?

Da sprach Pilatus zu ihm: »So bist du dennoch ein König?« Jesus antwortete: »Du sagst's, ich bin ein König. Ich bin dazu geboren und in die Welt kommen, daß ich die Wahrheit zeugen soll. Wer aus der Wahrheit ist, der höret meine Stimme.« Spricht Pilatus zu ihm: »Was ist Wahrheit?«
Und da er das gesaget, ging er wieder hinaus zu den Juden und spricht zu ihnen: »Ich finde keine Schuld an ihm. Ihr habt aber eine Gewohnheit, daß ich euch einen losgebe; wollt ihr nun, daß ich euch der Juden König losgebe?« Da schrieen sie wieder allesamt und sprachen: »Nicht diesen, sondern Barrabas!«
Barrabas aber war ein Mörder. Da nahm Pilatus Jesum und geißelte ihn.

Wer hat dich so geschlagen? Mit dem Schürhaken des Mannes, der sich eine Frau zum Prügeln hält? Mit der Umschuldung der verarmten Länder, denen die Banken verbieten, Brot und Bohnenpreise zu subventionieren?
Wer hat dich ... mit Plagen so übel zugerichtet?
Das philippinische Mädchen, zugerichtet für den Tourismus, nach fünf Jahren verbraucht, verstört, geschlechtskrank, kann nicht in sein Dorf zurückkehren.

Die Indianer Guatemalas werden mit Maschinengewehr und Brandbomben aus ihren Tälern vertrieben, damit die großen Gesellschaften dort endlich ihre Produktion anbauen können. Wer hat dich so geschlagen?
Manche sagen: Es ist der Weltkommunismus.
Manche sagen: Es ist die Überbevölkerung.
Manche sagen: Es ist die unkontrollierbare Technologie.
Manche sagen: Es kommt alles, wie es kommt, es spielt doch keine Rolle, wer dich so geschlagen hat.

Christen geben eine andere Antwort. Sie sagen, wie Johann Sebastian Bach: ICH. Ich lebte mit der Welt in Lust und Freuden ... und du mußt leiden. Ich habe dich geschlagen, Jesus. Ich unterstützte das wirtschaftliche System, das Folter braucht, um zu funktionieren. Ich sorgte dafür, daß du frühzeitig ins Bordell kamst für die Touristen. Ich, ich und meine Sünden ..., die haben dir erregt das Elend, das dich schlägt.
Wer hat dich so geschlagen?
Die Realität wahrnehmen heißt die weitergehende Kreuzigung Jesu in unserer Welt sehen. Heute hören wir hier die Geschichte, die täglich vor sich geht. Die Aufrüstung und der Hunger sind die beiden Arme des Kreuzes, an dem die Armen hängen.
Wo kommen wir da vor? Wie spielen wir da mit? Als Zuschauer unter der johlenden, spottenden Menge? Als die Freunde Jesu, die eingeschlafen sind?! Als Petrus, der alles ableugnet? Als Judas, der bezahlt wird? Als die Soldaten, die tun, was sie gelernt haben, foltern und töten? Als Vertreter der Justizbehörde, mit einer Ahnung von der Unschuld derer, die wir verurteilen, und einer größeren Angst vor der nächsthöheren Behörde ... bis hinauf nach Rom und zum Weißen Haus? Als die Religionsbeamten,

die vor allem keinen Konflikt in der Gemeinde brauchen können?
Wo stehen wir denn?
Es gibt keinen Ort in der Welt, auf den der Schatten des Kreuzes nicht fiele. Auch an den schönsten Badestränden tauchen die Fragen auf, denen wir nicht entkommen. Wer hat dich so geschlagen?
Und dahinter die alte Frage Gottes an Kain, nachdem er seinen Bruder erschlagen hatte: Wo ist dein Bruder? Und dahinter die andere Frage: Wo bist du, Adam?
Wer bist du?
Warst du dabei, als Christus gekreuzigt wurde?
Were you there when they crucified my Lord?
Wer hat dich so geschlagen?

Und die Kriegsknechte flochten eine Krone von Dornen und setzten sie auf sein Haupt und legten ihm ein Purpurkleid an und sprachen: »Sei gegrüßet, lieber Judenkönig!« Und gaben ihm Backenstreiche. Da ging Pilatus wieder hinaus und sprach zu ihnen: »Sehet, ich führe ihn heraus zu euch, daß ihr erkennet, daß ich keine Schuld an ihm finde.«
Also ging Jesus heraus und trug eine Dornenkrone und Purpurkleid.
Pilatus sprach zu ihnen: »Sehet, welch ein Mensch!« Da ihn die Hohenpriester und die Diener sahen, schrieen sie und sprachen: »Kreuzige, kreuzige!«
Pilatus sprach zu ihnen: »Nehmet ihr ihn hin und kreuzigt ihn; denn ich finde keine Schuld an ihm!« Die Juden antworteten ihm: »Wir haben ein Gesetz, und nach dem Gesetz soll er sterben; denn er hat sich selbst zu Gottes Sohn gemacht.«
Da Pilatus das Wort hörete, fürchtet' er sich noch mehr und ging wieder hinein in das Richthaus und spricht zu Jesu: »Von

wannen bist du?« Aber Jesus gab ihm keine Antwort. Da sprach Pilatus zu ihm: »Redest du nicht mit mir? Weißest du nicht, daß ich Macht habe, dich zu kreuzigen, und Macht habe, dich loszugeben?« Jesus antwortete: »Du hättest keine Macht über mich, wenn sie dir nicht wäre von oben herab gegeben; darum, der mich dir überantwortet hat, der hat's größre Sünde.«
Von dem an trachtete Pilatus, wie er ihn losließe.

Wer ist frei?

Ist es die freie Welt?
Christus vertritt eine größere Freiheit als die, die wir in den westlichen Demokratien haben. Unsere Ordnung braucht das Gefängnis und die Irrenanstalt, das Zuchthaus und die Kaserne, das stehende Heer und die permanente Bereitschaft, Krieg zu führen. Christi Freiheit ist anders; er ist frei, obwohl zusammengeschlagen, er ist frei, obwohl er nichts zu seiner Verteidigung sagt, er ist frei auch im Gefängnis.
Wer ist frei?
Ist denn Pilatus, dieser Lakai der römischen Weltherrschaft, frei? Sind wir denn frei, solange wir uns mit der Zuschauerrolle abfinden? Die freiesten Menschen in meinem Land sind heute die, die ins Gefängnis gehen, weil sie die Sklaverei der Atomrüstung nicht mehr ertragen. An Weihnachten haben Frauen in Mutlangen bei den Massenverbrennungsanlagen Blockflöte, Bachs Instrument, gespielt. Weil sie die Anbetung der Macht und des Militarismus störten, darum kommen sie ins Gefängnis. Sie haben viele Brüder und Schwestern in der ganzen Welt: in Greenham Common, England, und in der DDR, in den USA, wo die Pflugschargruppen aktiv und gewaltfrei die

Vorbereitungen des Massenmords stören. In einem Unrechtsstaat, sagte Henry David Thoreau, ein großer Amerikaner des 19. Jahrhunderts, in einem Unrechtsstaat ist der einzige Ort eines freien Menschen das Gefängnis. Das Gefängnis ist der Ort der Freiheit, die Tortur der Ort der Wahrheit, das Kreuz der Ort Gottes in der Welt. Wir denken miteinander an die, die um der Gerechtigkeit und des Friedens willen verfolgt werden. Wir schweigen für sie.

Durch dein Gefängnis, Gottes Sohn,
Ist uns die Freiheit kommen;
Dein Kerker ist der Gnadenthron,
Die Freistatt aller Frommen;
Denn gingst du nicht die Knechtschaft ein,
Müßt unsre Knechtschaft ewig sein.

Die Juden aber schrieen und sprachen: »*Lässest du diesen los, so bist du des Kaisers Freund nicht; denn wer sich zum Könige machet, der ist wider den Kaiser.*«
Da Pilatus das Wort hörete, führete er Jesum heraus und setzte sich auf den Richtstuhl an der Stätte, die da heißet: Hochpflaster, auf hebräisch aber: Gabbatha. Es war aber der Rüsttag in Ostern um die sechste Stunde, und er spricht zu den Juden: »*Sehet, das ist euer König!*« *Sie schrieen aber:* »*Weg, weg mit dem, kreuzige ihn!*« *Spricht Pilatus zu ihnen:* »*Soll ich euren König kreuzigen?*« *Die Hohenpriester antworteten:* »*Wir haben keinen König denn den Kaiser.*«
Da überantwortete er ihn, daß er gekreuzigt würde. Sie nahmen aber Jesum und führeten ihn hin. Und er trug sein Kreuz und ging hinaus zur Stätte, die da heißet Schädelstätt, welche heißet auf hebräisch: Golgatha.

Was ist Wahrheit?

Pilatus ist ein ungebundener, kritischer Intellektueller aus Rom. Er ist traurig, weil er viel weiß, auch, daß es keine Antwort auf seine Frage gibt. Was ist Wahrheit? Er ist gebildet, sensibel, störbar und beinah handlungsunfähig. Die Handlung wird von den anderen vorangetrieben. Er bremst, er zögert, er vermeidet – und dann funktioniert er doch und geißelt Jesus, ehe er ihn verurteilt. Weil er nicht weiß, was Wahrheit sein könnte, darum ersetzt er schließlich die Wahrheitsfrage durch die Unterwerfung unter die Macht. In der ersten, der reichen, der triumphierenden Welt haben wir im allgemeinen nur ein skeptisches Verhältnis zur Wahrheit und kein existentielles – genau wie Pontius Pilatus. Wir haben auf die Wahrheit in unserem Leben verzichtet und unterwerfen uns dann der problemlosen Faktizität, die über uns herrscht, der Macht. Darum glauben so viele Jugendliche bei uns, ersticken zu müssen. Pilatus ist ein liberaler Kolonialbeamter, er möchte das Leben der Unterworfenen nicht unnötig erschweren, er mag die Folter nicht, sie ist ekelhaft, er hofft, bald zurückversetzt zu werden, nach Griechenland oder nach Rom. Er kann die Juden nicht ausstehen und hat wie viele Intellektuelle kein klares Verhältnis zur Macht. Was soll er mit dem kleinen abgemagerten bleichen Galiläer anfangen? Am liebsten ließe er ihn laufen.

Jesus hat ein anderes Verständnis von Wahrheit als Pilatus. Wahrheit ist nichts, was man »wissen« kann, man kann sie aber tun. Es kommt nicht darauf an, sie als einen geistigen Besitz zu erkennen, sondern aus ihr zu sein.

Der jüdische Rabbi Nachman aus Bratzlav sagt: »Der Sieg kann die Wahrheit nicht ertragen, und selbst wenn das, was wahr ist, klar vor deinen Augen liegt, du wirst es zurückweisen, weil du ein Sieger bist. Wer immer die Wahrheit selbst haben will, muß den Geist des Siegers austreiben; nur dann kann er sich rüsten, die Wahrheit zu bewahren.«

In der ersten Welt sind wir Sieger und sieggewohnt: technologisch, ökonomisch und militärisch. Etwas anderes als überlegene Technologie, Ökonomie und Militärwesen haben wir nicht anzubieten. Darum ist unser Verhältnis zur Wahrheit gestört: Wir müssen sie mit überlegenem und traurigem Lächeln in Frage stellen.

Weil wir weltgeschichtlich die Sieger sind, das schlechthin überlegene System haben, darum kommen wir über die Frage des Pilatus »Was ist schon Wahrheit?« nicht hinaus. Wir ahnen, daß etwas falsch ist, aber dann geben wir die Suche nach der Wahrheit auf und richten uns ein im Machbaren. Unser Reich ist in der Tat von dieser Welt: Aktien, Banken, große Aufträge für die große Industrie und unser kleiner Anteil an diesem System von Profit und Tod.

Zwischen Wahrheit und Macht haben wir die Partizipation an der Macht gewählt, auch wenn diese Macht heute die Macht der Vernichtung allen Lebens auf Erden ist. »Wer immer die Wahrheit selber haben will, muß den Geist des Siegers austreiben; nur dann kann er sich rüsten, die Wahrheit zu bewahren.«

Christus beweist nichts. Er schweigt statt dessen. Wer aus der Wahrheit ist, der hört meine Stimme. Der Sieger, der Erfolgreiche, der Machthaber kann die Wahrheit nicht ertragen; darum müssen wir uns, wenn wir aus der Wahrheit Christi leben wollen, auf die Seite der Armen stellen in allem, was wir tun.

Allda kreuzigten sie ihn, und mit ihm zween andere zu beiden Seiten, Jesum aber mitten inne. Pilatus aber schrieb eine Überschrift und setzte sie auf das Kreuz, und war geschrieben: »Jesus von Nazareth, der Juden König!« Diese Überschrift lasen viel Juden, denn die Stätte war nahe bei der Stadt, da Jesus gekreuzigt ist. Und es war geschrieben auf hebräische, griechische und lateinische Sprache. Da sprachen die Hohenpriester der Juden zu Pilato: »Schreibe nicht: der Juden König, sondern daß er gesaget habe: Ich bin der Juden König!« Pilatus antwortet: »Was ich geschrieben habe, das habe ich geschrieben.«

In meines Herzens Grunde,
Dein Nam und Kreuz allein
Funkelt all Zeit und Stunde,
Drauf kann ich fröhlich sein.
Erschein mir in dem Bilde
Zu Trost in meiner Not,
Wie du, Herr Christ, so milde
Dich hast geblut' zu Tod!

Wer ist Gott?

Die Passion Christi gibt wie jede ernsthafte Geschichte eine Antwort auf die Frage, wer Gott ist. Gott hat viele Gesichter und viele Namen. Der tanzende Shiva und der lächelnde Buddha, das Yin und das Yang zusammengehörend, und der Dollar, auf dem steht: In God we trust. Christus ist ein Name Gottes, der sich von all diesen Namen unterscheidet. Jesus ist nicht reich, nicht aus gutem Hause, nicht griechisch gebildet, nicht weise.

Er ist arm, er ist schmutzig, er umgibt sich mit Frauen, mit Krüppeln, Lahmen und Aussätzigen. Er partizipiert nicht an der Macht, er leidet unter der Macht. Er bleibt unwiderruflich auf der Seite der Armen. Seine Liebe bleibt unwiderruflich gewaltfrei; die Mittel der Reichen: Geld und Gewalt, Aktien und Militär, sind nicht seine Mittel. Sein Gott ist nicht von »dieser« Welt, in der Geld und Gewalt alles sind. Mit »alles« meine ich, sie stellen sich dar als die unumgänglichen Notwendigkeiten, um andere Ziele zu erreichen. Mit Geld glauben wir Glück kaufen zu können, mit Gewalt glauben wir Frieden kaufen zu können, auch in der Familie, auch in der Gemeinde. Aber diese Mittel, die wir vorläufig benutzen um höherer und besserer Ziele willen, verwandeln sich in unsere Herren, so daß wir die schönen Ziele nie erreichen. Diese Art Glück wird uns nie bedürfnislos, selbstvergessen und frei machen wie die Kinder. Diese Art Frieden wird nie gewaltfrei und unblutig werden.

Christus lebt aus der Wahrheit Gottes, in der unsere Unterscheidung von Weg und Ziel aufgehoben ist. Der Weg ist das Ziel: Gott steht nicht am Ende der Passion als die Erlösung, sondern Gott ist der ganze Weg der Liebe, in jedem Augenblick. Gott ist in jedem Augenblick der Passion da und steht hinter Jesus: Wenn die Freunde ihm wegschlafen, wenn sie ihn verleugnen, verraten oder vergessen; wenn die Feinde ihn verlachen, verhöhnen, foltern, verurteilen und töten – Gott trennt sich nicht von der Liebe, auch wenn diese unterliegt. Gott trennt sich nicht von denen, die am Frieden bauen, auch wenn sie heute der versammelten Gewalt von Giftgas und Waffen gegenüber ohnmächtig erscheinen. So ohnmächtig wie die Galiläer im Imperium Romanum.

Es ist vollbracht, sagt der gewaltfreie Jesus unter der Fol-

ter. Gott ist jetzt ganz sichtbar geworden. Gott, das Geheimnis des Lebens, erscheint im Leiden, erscheint im Tod. Gott wird zutage gefoltert – ein weißes Licht, das über unsere Begriffe geht, weil es über unsere Liebe geht. Gott fragt uns in Christi Tod: Wie weit wirst du dich auf mich einlassen? Wie weit wirst du mit mir gehen, in die Liebe hinein, die Schmerz ist? Wie weit gehst du mit mir in die Freiheit, die in den Augen dieser Welt Gefängnis heißt? Wie weit wirst du aus der Wahrheit sein, die in den Augen der Welt unerkennbar und nicht lebbar ist?
Christus ist wie Feuer. Von fern betrachtet leuchtet es, kommt man näher, so wärmt es und tröstet, geht man noch näher, so wird man selbst das Feuer.

Die Kriegsknechte aber, da sie Jesum gekreuziget hatten, nahmen seine Kleider und machten vier Teile, einem jeglichen Kriegsknechte sein Teil, dazu auch den Rock. Der Rock aber war ungenähet, von oben an gewürket durch und durch. Da sprachen sie untereinander: »Lasset uns den nicht zerteilen, sondern darum losen, wes er sein soll.« Auf daß erfüllet würde die Schrift, die da saget: »Sie haben meine Kleider unter sich geteilet und haben über meinen Rock das Los geworfen.« Solches taten die Kriegsknechte. Es stund aber bei dem Kreuze Jesu seine Mutter und seiner Mutter Schwester, Maria, Kleophas Weib, und Maria Magdalena. Da nun Jesus seine Mutter sahe und den Jünger dabei stehen, den er lieb hatte, spricht er zu seiner Mutter: »Weib, siehe, das ist dein Sohn!« Darnach spricht er zu dem Jünger: »Siehe, das ist deine Mutter!«

Wir beten gemeinsam den Psalm 22. Der Leidende, Gerechte des alten Bundes hat diesen Psalm gesprochen, und Jesus von Nazareth hat ihn am Kreuz gebetet.

Wir stellen uns auf die Seite Jesu und beten miteinander:

Mein Gott, mein Gott, warum hast du mich verlassen!
Keine Rettung naht auf den Ruf meiner Klage.

Ein Wurm bin ich und kein Mensch,
der Leute Spott, verachtet vom Volk.

Die mich sehen, höhnen und spotten meiner;
sie verziehen die Lippen, sie schütteln die Köpfe.

Zur Scherbe verdorrt meine Kraft.
Du hast mich in den Staub des Todes gelegt.

Sie haben mir Hände und Füße durchstochen,
ich kann meine Knochen alle zählen.

Sie teilen mein Gewand unter sich,
und über meine Kleider werfen sie das Los.

So komm doch, mein Herr, und bleibe nicht ferne;
du Quelle meiner Stärke, eile mich zu retten.

Entreiße meine Seele dem Schwert,
errette mein Leben aus der Meute Gewalt.

Darnach, als Jesus wußte, daß schon alles vollbracht war, daß die Schrift erfüllet würde, spricht er: »Mich dürstet!«
Da stand ein Gefäße voll Essigs. Sie fülleten aber einen Schwamm mit Essig und legten ihn um einen Isopen und hielten es ihm dar zum Munde. Da nun Jesus den Essig genommen hatte, sprach er: »Es ist vollbracht!«

GÜNTER WALLRAFF

Und macht euch die Erde untertan...

Eine Widerrede

Zum Oratorium »Die Schöpfung« von Joseph Haydn

Nr. 28 Chor

Vollendet ist das große Werk,
Des Herrn Lob sei unser Lied!
Alles lobe seinen Namen,
Denn er allein ist hoch erhaben!
Alleluja! Alleluja!

»Am Anfang schuf Gott Himmel und Erde. Und die Erde war wüst und leer, und es war finster aus der Tiefe.«

Diese Worte aus der biblischen Schöpfungsgeschichte sind in jüngster Zeit vielfach zitiert worden: als Prophezeiung! Wüst und leer und finster, so würde die Erde aussehen nach dem atomaren Holocaust. Amerikanische Klimaexperten haben herausgefunden, daß durch die unzähligen Brände – von Industrieregionen, Ölfeldern, Städten, Wäldern – der Himmel wochen- und monatelang verdunkelt wäre. Die Folge: eine endlose Dezemberdämmerung, auch im Sommer. Unter solchen Bedingungen würde das Wachstum der Pflanzen aufhören, und die Ernährungsgrundlage für die überlebenden Menschen und Tiere wäre zerstört. Das Ende der Schöpfung gleicht in solchen Szenarien ihrem Anfang: Beide spielen sich auf dramatische Weise ab. Wir wissen aber heute auch, daß sich die Schöpfung sehr undramatisch entwickelt hat und entwickelt. In drei Milliarden Jahren brachte die Erde unzählige pflanzliche und tierische Arten hervor. Die Vielfalt von Lebewesen, deren Zeitgenossen wir sind, ist eigentlich nur eine Momentaufnahme einer geradezu verschwenderischen Natur. Keine neue Arche Noah, auch keine »Genbank« könnte das retten, was die Menschheit, voran die »westliche Zivilisation«, eingekreist hat und im Begriff ist, in nur wenigen Jahrzehnten auszurotten.

Aus der christlich-jüdischen Tradition stammen die Vorstellungen, wie wir mit der Natur, mit unserer eigenen Lebensgrundlage, umgehen. Der Sündenfall des Menschen besteht darin, sich zum Ebenbild Gottes gemacht zu haben. Selbst noch für den hartgesottensten Atheisten und Materialisten ist der Mensch die *Krone der Schöpfung*, der eigentliche Zweck der Evolution. Und nur der Mensch, und zwar der gläubige Mensch, darf auf Erlösung hoffen, während nichtmenschliche Wesen von vornherein davon ausgeschlossen sind. Pflanzen, Tiere, zuweilen sogar Frauen, haben nämlich keine Seele.

Eine zweite Idee aus der Schöpfungsgeschichte ist erst in unserer Zeit richtig zum Durchbruch gelangt:

»Seid fruchtbar und mehret euch, und füllet die Erde, und machet sie euch untertan, und herrschet über die Fische im Meer und über die Vögel unter dem Himmel und über alles Getier, das auf Erden kriecht« (Genesis Kap. 1).

Sich die Erde untertan machen: Das kann etwas Befreiendes sein, nämlich Naturzusammenhänge zu erkennen und zu verstehen. Davon sind wir aber weit entfernt. Die großen wissenschaftlichen Entdeckungen der Neuzeit sind in den Händen der Mächtigen zu Mitteln der Ausbeutung von Mensch und Natur geworden. »Und machet sie euch untertan.« Im alten Volk Israel ist über die Jahrhunderte hinweg ein waches Bewußtsein dafür vorhanden, daß es vor allem die Mächtigen sind, die dem gefühllosen gefährlichen Größenwahn verfallen, die immer wieder Katastrophen herbeiführen.

In der Geschichte vom »Turmbau zu Babel« wollen sie »eine Stadt bauen und einen Turm, dessen Spitze bis an den Himmel reicht« (Genesis Kap. 11). – Supermachtsgebärden, Gigantomanie: Die größenwahnsinnigen Architekten und ihre Auftraggeber scheiterten. Gott – so erzählt uns die Sage – verwirrte ihre Sprache. Auf unsere heutigen Verhältnisse übertragen: Die Kommunikations- und Kontrollsysteme, wie zum Beispiel bei SDI, versagen. Die Elektronik in den Raketen fällt aus und läßt sie auf eigenen Boden niederfallen oder im Weltall verglühen.

Sich zum Ebenbild Gottes machen: Trotz Babel, trotz der Sintflut, trotz der Beben und Kriegskatastrophen, die die Welt erschütterten, haben die Mächtigen aller Zeiten am wenigsten dazugelernt. Sie sind es, die sich nicht – im Sinne Jesu – bescheiden »Kinder Gottes« nennen, sondern als Vertreter Gottes, als von Gottes Gnaden Eingesetzte oder gleich als gottgleich verstehen.
Die Mächtigen haben schließlich die Botschaft des Evangeliums vom liebenden Gott auf den Kopf gestellt und einen rachsüchtigen, rassistischen Kriegsgott auf den Thron gehoben, der keine anderen Götter neben sich duldet – alleinseligmachend –, ein Gott, der Menschen anderer Religion und anderer Hautfarbe unterdrücken und verfolgen läßt. Die Missionierung der nichtchristlichen Völker und Stämme glich vielfach Ausrottungsfeldzügen. Nur wer sich zum sogenannten »wahren Glauben« bekannte, hatte überhaupt eine Chance, zu überleben. Hatuey, ein Indianerhäuptling aus Haiti, floh vor den weißen Konquistadoren in die Wälder Kubas. Dort zeigte er auf einen Korb mit Gold und sagte: »Das ist der Christengott. Seinetwegen verfolgt man uns. Seinetwegen mußten unsere Eltern und Geschwister sterben.« Drei Monate später

wird Hatuey ergriffen. Er wird an einen Pfosten gebunden. Bevor das Feuer entfacht wird, verspricht ihm ein Priester Seligkeit und ewigen Frieden, falls er sich taufen läßt. »Kommen in diesen Himmel auch die Christen?« – »Ja.« – Hatuey entscheidet sich gegen diesen Himmel, und das Brennholz beginnt zu knistern![1]

Nr. 23 Rezitativ

URIEL

Und Gott schuf den Menschen nach seinem Ebenbilde,
nach dem Ebenbilde Gottes schuf er ihn.
Mann und Weib erschuf er sie.
Den Atem des Lebens hauchte er in sein Angesicht,
und der Mensch wurde zur lebendigen Seele.

Nr. 24 Arie

URIEL

Mit Würd' und Hoheit angetan,
Mit Schönheit, Stärk' und Mut begabt,
Gen Himmel aufgerichtet steht der Mensch,
Ein Mann und König der Natur.
Die breit gewölbt' erhabne Stirn
Verkünd't der Weisheit tiefen Sinn,
Und aus dem hellen Blicke strahlt
Der Geist, des Schöpfers Hauch und Ebenbild.
An seinen Busen schmieget sich

---

[1] Siehe: Eduardo Galeano in »Erinnerungen an das Feuer«, Peter Hammer Verlag, Wuppertal.

Für ihn, aus ihm geformt,
Die Gattin, hold und anmutsvoll.
In froher Unschuld lächelt sie,
Des Frühlings reizend Bild,
Ihm Liebe, Glück und Wonne zu.

Wir stehen heute, gegen Ende des 20. Jahrhunderts nach Christus, nicht nur vor dem möglichen und erhofften Zusammenbruch der Supermächte zugunsten einer blockfreien, gerechteren und friedvolleren Welt, sondern erstmals auch der Gefahr der Auslöschung allen Lebens auf der Erde. Es gibt kein Land, kein Gebiet, das von der Gefährdung der Schöpfung nicht betroffen ist. Boden, Wasser und Luft sind von zum Teil hochgiftigen Stoffen verseucht, die entweder gar nicht oder nur schwer abbaubar sind. Hinzu kommt, daß schon jetzt fünf Milliarden Menschen auf einer völlig überlasteten Erde leben, *täglich* 200 000 hinzukommen und wir mit immer weniger regenerationsfähigen Ressourcen auskommen müssen. Unter solchen Voraussetzungen Mittel zur Schwangerschaftsverhütung zu ächten und zu verbieten, wie das die katholische Kirche tut, geht weit über den Tatbestand der Intoleranz und Menschenverachtung hinaus, bedeutet, daß Millionen Menschen dem Hungertod ausgeliefert werden.

Auf der anderen Seite gelten alle Anstrengungen der sogenannten entwickelten Länder dem wirtschaftlichen Wachstum, um die Profitrate weiter zu erhöhen. Um diesen Zweck zu erreichen, werden nun auch noch die letzten Naturreserven angegriffen, Bodenschätze aus den vereisten Tundren des Nordens, aus der Tiefsee, aus der Antarktis geholt. Ganze Industriezweige existieren nur dadurch, daß sie Nachschub für die Waffenarsenale liefern. Oder sie produzieren immer neuen Tand für die postmodernen Wohlstandsschichten, in denen Endzeit und Weltuntergang als ästhetisches Ereignis begangen werden. Totale Erschöpfung der Natur und Exzesse der Verschwendungssucht scheinen unauflöslich zusammenzugehören.

»Wir sind so weit, daß die Natur den Menschen um Gnade bittet«, so die späte Erkenntnis eines sowjetischen Politikers in diesen Tagen.[1]

Aus dem 3. Jahrhundert vor Christus, zur Zeit der Perserherrschaft, stammt eine grundlegende Erfahrung, die »Daniel-Vision«, in der die Weltgeschichte als eine von Gott gelenkte Aufeinanderfolge von Weltreichen gedeutet wird, an deren Ende der Zusammenbruch der Supermächte und die Gottesherrschaft ohne Gewalt steht. Phantasievollster Ausdruck solcher Visionen: der »Koloß auf tönernen Füßen«. Ein riesiges Standbild; der Kopf aus Gold, Brust und Arme aus Silber, Bauch und Beine aus Eisen; die Füße halb aus Eisen, halb aus Ton.

Folgendes geschieht: Ein Stein bricht von einem Berg los, zermalmt die Füße – die ganze Akkumulation von Macht, Kapital und Militär, symbolisiert von Gold, Silber und Eisen, bricht zusammen. »Danach«, so heißt es in der Vision, »wird der Gott des Himmels ein Reich erstehen lassen, das ewig unzerstörbar bleibt« (Daniel Kap. 2) – ohne Wiederkehr menschlicher Gewaltherrschaft und Ausbeutung.

---

[1] Valentin Falin in einem Gespräch mit Horst-Eberhard Richter, anläßlich eines Kongresses in Moskau, zitiert aus »Leben statt machen«, Hoffmann und Campe Verlag.

Im »Tanz ums Goldene Kalb« wird Profitgier und Besitzkult symbolisiert. Auch unsere Zeit hat ihre Götzenbilder: Geld, Konsum und Wohlstand, meist auf Kosten anderer erworben, sind die Götzen unserer Tage.

In aller Welt gilt die kleine Schweiz als Hort der Sicherheit. In den unterirdischen Gewölben ihrer Banken lagern – von Finanzgnomen bewacht und verwaltet – die Schätze des internationalen Kapitals. Auf Nummernkonten und in vielfach gesicherten Schließfächern liegt der Mammon, der über die Jahrhunderte von den Mächtigen den Menschen und Völkern, besonders denen der sogenannten Dritten Welt, abgepreßt worden ist. Schätze von Diktatoren, Präsidenten und Industriebossen, Flucht- und Erpressungsgelder, Profite aus Devisenschiebereien, Waffengeschäften und Tributzahlungen. Für den Krisenfall, den Zusammenbruch der Weltwirtschaft, horten sie Gold – dieses Symbol für Ersatzleben, Ersatzlust, Ersatzbefriedigung, für ein vertanes Leben. Der Tanz ums Goldene Kalb ist längst zum einträglichen Geschäft geworden. Und die Götzendiener lassen sich teuer bezahlen für die vermeintliche Sicherheit, die sie garantieren.

Doch die eingebunkerte Scheinsicherheit dieses kleinen schönen Landes trügt. Auch atomsichere Keller unter teuren Villen und riesige, gegen die Gefahren des atomaren Infernos in die Berge vorgetriebene Höhlen können dann keinen mehr retten. Und dem erwachten Zorn der auch heute noch in Lethargie und Apathie gehaltenen Völker der ausgebeuteten Dritten Welt werden zuletzt auch die dicksten Mauern und Stahltüren nicht widerstehen.

Nr. 20 Rezitativ

RAPHAEL

Und Gott sprach:
Es bringe die Erde hervor lebende Geschöpfe
nach ihrer Art: Vieh und kriechendes Gewürm
und Tiere der Erde nach ihren Gattungen.

Nr. 21 Rezitativ

RAPHAEL

Gleich öffnet sich der Erde Schoß
Und sie gebiert auf Gottes Wort
Geschöpfe jeder Art.
In vollem Wuchs und ohne Zahl.
Vor Freude brüllend steht der Löwe da.
Hier schießt der gelenkige Tiger empor.
Das zack'ge Haupt erhebt der schnelle Hirsch.
Mit fliegender Mähne springt und wieh'rt
Voll Mut und Kraft das edle Roß.
Auf grünen Matten weidet schon
Das Rind, in Herden abgeteilt.
Die Triften deckt, als wie gesät,
Das wollenreiche, sanfte Schaf.
Wie Staub verbreitet sich
In Schwarm und Wirbel
Das Heer der Insekten.
In langen Zügen kriecht
Am Boden das Gewürm.

Die Natur nicht auszubeuten und ihre Früchte nicht zu verprassen, sondern zu achten, war für Naturvölker keine

Frage. Sie empfanden sich als Teil der *unio magica*, des ursprünglichen Weltzusammenhangs; sie reflektierten nicht, daß sie etwas von der Natur Verschiedenes sein könnten. Die Welt, also auch die Natur, war von Geistwesen bevölkert. Bei den Aborigines, den Ureinwohnern Australiens, haben Bäume, wie jedes Ding, eine Seele. Einige Bäume etwa stellen wiedergeborene Stammesgenossen dar, sie können reden. Wenn zum Beispiel ein Indianerstamm einen mächtigen Baum für ein Kanu fällen mußte, dann war das fast so, als ob ein Mensch stirbt. Heute dagegen werden ganze Wälder abgeholzt, um zum Beispiel die Auflage bestimmter Massenverdummungsblätter zu gewährleisten. Bei sibirischen Völkern (bei den Tungusen) war es üblich, nach dem Erlegen eines Tieres, das man dringend als Nahrung benötigte, dessen Geist um Verzeihung zu bitten und zu besänftigen.[1]
Heute werden Millionen von Tieren in Einrichtungen gehalten, die ihnen das Leben zum dauernden Leiden und zur ständigen Qual machen.[2] Wo die Achtung vor den Geschöpfen Gottes nicht mehr existiert, gibt es auch keine Achtung mehr vor den Menschen selbst.
Die Mächtigen heute und ihre Helfershelfer leben in Wahnwelten. Sie leiden unter paranoiden Zuständen, die sie nur dadurch kompensieren können, daß sie auf immer irrwitzigere Ideen verfallen. Mit der Gentechnologie wol-

---

[1] Die sibirischen Ostiaken glaubten nicht nur daran, »ihre Freunde jenseits des Grabes wiederzufinden, sondern auch ihre Rentiere, Hunde und sogar alle Bären, Wölfe und Hyänen«, die sie je hatten erlegen müssen. (Siehe »Sitten und Gebräuche aller Nationen« von K. Lang, Bd. 4, Nürnberg 1811).

[2] Zur weiteren Information empfehle ich: »Das Tierbuch« von Eva Kroth, Zweitausendundeins Verlag, 1985.

len sie die unvollkommene Natur perfektionieren und die Schöpfung übertreffen, damit sie sich noch besser ausbeuten läßt.

Wir haben uns selbst allein gelassen, aufgegeben, entseelt und aus jedem Zusammenhang gerissen. Unsere selbstgeschaffene Einsamkeit wird uns unerträglich. In unserer Verzweiflung suchen wir nach Antwort in und aus dem Weltall – auch von höheren, gerechteren, intelligenteren Lebewesen. Rund um die Uhr werden von amerikanischen Weltraumforschungsstationen Botschaften bis in die entferntesten Planetensysteme geschickt. Die Menschheit versucht sich in Form von Symbolen als Adam und Eva bekannt zu machen. Zugleich tasten riesige Radioteleskope in das Dunkel des Raums nach einer Antwort, jedoch die Hilfeschreie verhallen unerhört in der Unendlichkeit des Alls. Wir sind uns unserer Einsamkeit und Verlorenheit auf dem kaum mehr navigationsfähigen Raumschiff Erde um so bewußter.

Nr. 13 Chor mit Soli

CHOR

Die Himmel erzählen die Ehre Gottes,
Und seiner Hände Werk
Zeigt an das Firmament.

GABRIEL, URIEL, RAPHAEL

Dem kommenden Tage sagt es der Tag,
Die Nacht, die verschwand der folgenden Nacht:

CHOR

*Die Himmel erzählen die Ehre Gottes,
Und seiner Hände Werk
Zeigt an das Firmament.*

GABRIEL, URIEL, RAPHAEL

*In alle Welt ergeht das Wort,
Jedem Ohre klingend,
Keiner Zunge fremd:*

CHOR

*Die Himmel erzählen die Ehre Gottes,
Und seiner Hände Werk
Zeigt an das Firmament.*

In vielem ist unsere Religion Reglementierung. »Du darfst nicht, du sollst nicht« – Verbotskatalog und bei Verstößen Androhung von Strafen.
Unvorstellbar für uns *Gottes-Fürchtige* ein Gottesbegriff, wie ihn die Indios Zentralbrasiliens mit ihrer höchsten Gottheit, Tupa, verbinden. Tupa kann zwar auch zornig und drohend sein und Blitz und Donner und Unwetter schicken. Nach der Vorstellung der Tupinambas und Guaranis aber steht diesem höheren Wesen – ganz menschlich – eine Frau zur Seite, die seine Wut zu zähmen weiß.
Aus der Schöpfungsgeschichte der Guarani-Indianer mündlich überliefert: »Tupa war wild, schleuderte Blitze, riß alles nieder und verwüstete alles. Da unterbrach ihn seine Frau: ›Tupa, lenk nicht ab. Wo hast du dich wieder rumgetrieben?!‹«

Und sie beginnt nun, den Gott zu kitzeln, er muß ein bißchen lachen, sie kitzelt ihn heftiger, mit der Folge, daß er sich vor Kichern und Lachen kaum halten kann.

Insofern ist Tupa typisch für die höheren Wesen der Guarani-Religion. Er wird nicht allein verehrt, sondern auch bespöttelt, er ist zugleich mutig und stark, aber auch lustig und kindlich-verspielt und darf auch Schwächen zeigen. Derartig sympathische Verhaltensweisen sind uns aus unserer Heiligen Schrift von unseren Göttern nicht übermittelt. Gottvater zürnt, aber lacht nicht, und der lachende Christus wurde uns von seinen Aposteln vorenthalten.

Auch der Prophet Mohammed, so wird überliefert, soll nie gelacht haben. Das Lachen erschien ihm, so wörtlich, »wie ein Signal an den Satan« und sei »als Zeichen von Schwäche und Mangel an Durchsetzung anzusehen«.

So ein einschüchternder Gottesbegriff führt dazu, daß immer noch viele Kirchengemeinden ihr Abendmahl so angestrengt, sauertöpfisch und lustlos zelebrieren, weniger als ein Fest, mehr als Pflicht, eben als Gottes-*Dienst* verrichten.

Wieviel ausgelassener, bunter, fröhlicher, unreglementierter, bis hin zum Tanz, nehmen sich da die Gottesfeste in vielen lateinamerikanischen oder afrikanischen Kirchengemeinden aus. »Eure Religion wurde auf steinerne Tafeln geschrieben mit dem eisernen Finger eines zornigen Gottes, damit ihr sie nicht vergeßt«, kennzeichnete Häuptling Seattle die Missionierung der Weißen.

Die positiven ganzheitlichen Erfahrungen vieler Naturreligionen hat das Christentum ausgemerzt. An die Stelle des Sanften, Lebensbewahrenden ist das Harte, Zerstörerische getreten. Die weißen Europäer, die als Konquistadoren, als Eroberer mit dem Schwert ihren Glauben verbreiteten, haben den Völkern Amerikas und Afrikas nicht nur die Lebensgrundlagen geraubt, sondern mit der Zerstörung der Religionen auch die kulturelle Identität. Und sie haben überallhin ihre unchristliche Philosophie mitgebracht: Besitz- und Profitsucht. Das Leben ist Gier geworden, das absolute Überspielen der eigentlich lebenswerten Dinge. Alles, was sich nicht in Mehrwert, Status und Prestige, in Überlegenheit und Macht ausdrückt, gilt als minderwertig und *wird ausgemerzt*.

Das eigentliche Leben wird dabei übersehen. Ebenso der Faktor Zeit, der einmal durch den Tages- und Jahreszeitenrhythmus bestimmt war, wird zur reinen Taktikzeit. Niemand hat mehr Zeit, sie ist knapp geworden. Der Tod, der die Endlichkeit des Lebens und damit auch unsere Endlichkeit klarmachen könnte, ist etwas Entsetzliches und daher total Verdrängtes geworden. Im wirklichen Schöpfungszusammenhang, wo man nicht nur für sich, sondern auch für andere lebt, braucht man diese Angst vor dem Tod nicht zu haben.

Die Natur schlägt zurück, so lauteten Schlagzeilen nach den letzten Katastrophen in den Alpen. In der Tat schlägt die Natur zurück, die Erde beginnt, sich von den »Segnungen« der menschlichen Zivilisation zu reinigen. Und das trotz unseres Glaubens, wir hätten die Intelligenz, die Natur und die Naturgesetze zu durchschauen. Wir seien gerade darin den Tieren überlegen. Sokrates' Satz »*Ich weiß, daß ich nichts weiß*« (oder auf unsere Zeit übertragen: Je mehr ich weiß, um so mehr weiß ich, was ich alles nicht weiß) ist jedoch heute aktueller denn je. Nur: Wir glauben viel zu wissen; in Wirklichkeit wissen wir von den Zusammenhängen, in denen wir leben, sehr, sehr wenig. Wir haben hochentwickelte Wissenschaften, aber nicht das, was man Weisheit oder Einsicht nennen könnte. Statt weiser Selbstbescheidung regiert die hybride Auffassung, alles sei machbar, Probleme, auch die ökologischen, seien letztlich technisch zu lösen. Wir allesverplanenden Macher und überqualifizierten Besserwisser. *Wir* sind es, die Entwicklungshilfe bitter nötig hätten!

Nr. 7 Rezitativ

GABRIEL

Und Gott sprach:
Es bringe die Erde Gras hervor,
Kräuter, die Samen geben, und Obstbäume,
die Früchte bringen ihrer Art gemäß,
die ihren Samen in sich selbst haben auf der Erde;
und es ward so.

Nr. 8 Arie

GABRIEL

Nun beut die Flur das frische Grün
Dem Auge zur Ergötzung dar.
Den anmutsvollen Blick
Erhöht der Blumen sanfter Schmuck.
Hier duften Kräuter Balsam aus,
Hier sproßt den Wunden Heil.
Die Zweige krümmt der goldenen Früchte Last;
Hier wölbt der Hain zum kühlen Schirme sich,
Den steilen Berg bekrönt ein dichter Wald.

Den mit *tödlicher Sicherheit* falschen Weg gehen Regierungen, die oft nur deshalb gewählt worden sind, weil ihre Vertreter vor den Wahlen versprechen, daß sich nichts ändern wird. Den Hunger in der Dritten Welt hält man draußen, indem man die Einwanderungsgesetze und Asylrechtsbestimmungen verschärft. Die Vergiftung der Biosphäre kann man in den Griff bekommen, wenn man sie in zahllose Einzelereignisse aufsplittet, die dann irgendwo in letzten Seiten der Tageszeitungen auftauchen. Größere Einzelkatastrophen haben immerhin noch einen gewissen Unterhaltungswert, vor allem, wenn sie lokal begrenzt bleiben und man selbst nicht davon betroffen ist.

Das sind die Rezepte, die die alten apokalyptischen Alpträume schnell wahr werden lassen. So wie in der bekannten Sage von der Sintflut, die nicht nur vom Volk Israel, sondern von allen Nachbarvölkern erzählt wurde. An warnenden Stimmen und an Menschen, die von heute auf morgen damit anfingen, eine natur- und damit menschengemäße Lebensweise zu leben, hat es eigentlich nie gefehlt.

Schon jene Schöpfungs-Untergangs-Geschichte offenbart, daß es *Gott sei Dank* von alters her eine gegenläufige Bewegung gibt. Eine Bewegung, die auf Bewahrung der Schöpfung, *nicht* auf ihre Zerstörung zielt.

Diese düstere Sintflutgeschichte, in der die totale Bedrohung des Ökosystems als Folge menschlichen Frevels gesehen wird, endet mit der Hoffnung im Zeichen des Regenbogens:

»Und Gott sprach: Dies ist das Zeichen des Bundes, den ich zwischen mir und euch und allen Lebewesen, die bei euch sind, auf ewige Zeiten schließe: Meinen Regenbogen stelle ich in die Wolken...« (Genesis Kap. 9). Ein Bündnis

mit Mensch und Tier gleicherweise. Und Noah hat dafür gesorgt, daß keine Tiergattung mehr zugrunde geht. Paarweise hat er sie nach der Phantasie der alten Sage mit in die Arche genommen. Ich finde: Wenn die katholische Kirche schon soviel Politik mit Heiligen betreibt, dann sollte sie wenigstens Noah zum Heiligen der Tierschützer küren!
Diese schützende Gleichstellung von Mensch und Tier ist der alten Sage so wichtig, daß mehrfach betont wird: Der Bund »mit *allen* lebenden Wesen, die bei euch sind, Vögeln, Vieh und allem Wild des Feldes...« (Genesis Kap. 9).
Ähnlich gelten auch die Friedensvisionen der alten Propheten in Israel Mensch und Tier gleicherweise.
»Das Werk der Gerechtigkeit wird Friede sein«, heißt es bei Jesaja. Das Volk soll endlich »an Orten des Friedens wohnen, in sicherer Wohnung, an stillen Ruheplätzen«. Endlich kann man dann »Rind und Esel überall frei schweifen lassen« (nach Genesis Kap. 32), aber mehr noch: Die Tiere selbst gestalten den Frieden:
»Da wird der Wolf zu Gast sein bei dem Lamm und der Panther bei dem Böckchen lagern, Kalb und Junglöwe weiden beieinander, und ein kleiner Junge leitet sie. Kuh und Bärin werden sich befreunden, und ihre Jungen werden zusammen lagern. Der Löwe wird Stroh fressen wie das Rind« (Jesaja Kap. 11).
Gewiß, gerade der letzte Satz macht deutlich: Dieser Prophet hatte offensichtlich auch Humor. Und Konrad Lorenz oder andere Tierpsychologen und auch uns hier wird es schwerlich überzeugen, solange wir diese Sätze etwa wörtlich nehmen sollen. Aber mir scheint hier etwas ganz anderes entscheidend zu sein, genau wie schon in der Sintflutgeschichte: die gewisse Gleichberechtigung von Mensch und Tier, der gleiche Schutz für alle Lebewesen.

Das Leid, das wir den Tieren zufügen, entspricht dem Leid, das wir uns selbst zufügen. Unsere Gefühllosigkeit und Verrohung gegenüber von uns als minderwertig eingestuften Lebewesen hat uns selbst abgestumpft, unsensibel, kalt und phantasiearm gemacht. Die Indianer sagen: »Was ist der Mensch ohne die Tiere? Wären alle Tiere fort, so stürbe der Mensch an großer Einsamkeit des Geistes. Was immer den Tieren geschieht – geschieht bald auch den Menschen. Alle Dinge sind miteinander verbunden.«

Kein Zweifel: Ein Prophet wie Jesaja steht jedem Dünkel und Größenwahn des Menschen entgegen, der mit der Erde und ihren Lebewesen umgeht, als wäre da noch eine zweite. Der alte Glaubenssatz Israels, auf dem auch Jesaja fußt, heißt: »Die Erde gehört Gott.« »Der Mensch ist nur ihr Mieter.«
Privateigentum an Grund und Boden ist von daher absurd und unerlaubt. Wie sagen es die Indianer später: »Die Erde ist unsere Mutter, seine Mutter verkauft man nicht ... Der weiße Mann, vorübergehend im Besitz der Macht, glaubt, er sei schon Gott – dem die Erde gehört. Wie kann ein Mensch seine Mutter besitzen?« Der Indianerhäuptling Sitting Bull zeichnete 1866 bereits prophetisch die Folgen von Raubbau, Wohlstandsmüll, Überdüngung, Versteppung und Zerstörung der Erde:
»Sie beschmutzen unsere Mutter (die Erde) mit ihren Gebäuden und ihrem Abfall. Sie zwingen unsere Mutter, zur Unzeit zu gebären. Und wenn sie keine Frucht mehr trägt, geben sie ihr Medizin, damit sie aufs neue gebären soll. Was sie tun, ist nicht heilig.«
Schmohalla, der legendäre Medizinmann des Wamapum-Stammes und einer der bedeutendsten religiösen Führer

der nordamerikanischen Indianer, beschwor voll Zärtlichkeit und Liebe die Einstellung seiner Landsleute zur gottgegebenen Natur:
»Wir nehmen die Gaben, die uns die Mutter Natur schenkt. Wir verletzen die Erde nicht mehr, als der Finger des Säuglings die Brust seiner Mutter verletzt. Der weiße Mann aber reißt riesige Flächen des Bodens auf, zieht tiefe Gräben, holzt Wälder ab und verändert das ganze Gesicht der Erde. Jeder aufrichtige Mensch weiß in seinem Herzen, daß das gegen die Gesetze des großen Geistes verstößt. Aber die Weißen sind so habgierig, daß sie sich darüber keine Gedanken machen.«

Dieses Prinzip der Raffgier von Großgrundbesitzern und anderen Kapitalisten greift auch der Prophet Jesaja an: »Weh denen, die Haus an Haus reihen und Acker an Acker rücken, bis kein Platz mehr ist und ihr Alleinbesitzer seid mitten im Land.«
Es gibt trotz aller Unterschiede einen tiefen Zusammenhang zwischen der Zerstückelung von Land, von Tieren und schließlich von Menschen!
Wer wirklich im Einklang mit der Schöpfung lebt, ist von Profitgier und ihren blutigen Auswirkungen befreit. Der kann wie Jesus über Konsum- und Prunksucht spotten: »Warum sorgt ihr euch um die Kleidung? Seht die Lilien auf dem Felde ... auch Salomo in all seiner Pracht war nicht so gekleidet wie eine von ihnen.«

Nr. 3 Rezitativ

RAPHAEL

Und Gott machte das Firmament
und teilte die Wasser,
die unter dem Firmament waren,
von den Gewässern,
die ober dem Firmament waren,
und es ward so.
Da tobten brausend heftige Stürme;
wie Spreu vor dem Winde,
so flogen die Wolken,
die Luft durchschnitten feurige Blitze
und schrecklich rollten die Donner umher.
Der Flut entstieg auf sein Geheiß
der allerquickende Regen,
der allverheerende Schauer,
der leichte, flockige Schnee.

Nr. 4 Chor mit Sopransolo

GABRIEL

Mit Staunen sieht das Wunderwerk
Der Himmelsbürger frohe Schar,
Und laut ertönt aus ihren Kehlen
Des Schöpfers Lob,
Das Lob des zweiten Tags.

CHOR

Und laut ertönt aus ihren Kehlen
Des Schöpfers Lob,
Das Lob des zweiten Tags.

Wenn wir die oft blutige Spur der Christen durch 2000 Jahre verfolgen, müssen wir feststellen: Sie kümmerten sich mehrheitlich einen Dreck um das, was Jesaja oder Jesus sagten. Wir stehen vielmehr heute vor den »gnadenlosen Folgen des Christentums«, wie Carl Amery es in seinem Buch »Die Vorsehung« nannte. Ferne Kontinente und Kulturen wurden erobert und unterjocht und nicht erkannt und entdeckt, Menschen versklavt, Bodenschätze ausgebeutet und geplündert, Wälder vernichtet, Flüsse und Luft vergiftet. Jetzt sind die Erde, der Rhythmus unseres Lebens bis zur Unkenntlichkeit entstellt, erschöpft und kurz vor dem Koma. »Was hat ein Mensch davon, wenn er die ganze Welt gewinnt, aber sein eigentliches Leben verliert? Dann werden zuletzt die Überlebenden die Toten beneiden!«

Nur Minderheiten, Deklassierte und Außenseiter folgten Jesus von Nazareth wirklich nach.
Es hat immer diese gegenläufige Traditionslinie gegeben, Christen, die sich in der Nachfolge Jesu als Arme für Arme, als Minderheit für Minderheiten eingesetzt haben. Besonders in den Ländern der Dritten Welt steht die »Kirche der Armen« an der Seite der Ausgebeuteten und Unterdrückten – oft im scharfen Gegensatz zur Amtskirche und zum Papst.
Wie einst Franz von Assisi, der in abgewetzter Kleidung, schmutzig und als Bettler vor dem Papst erschien, um für seine Leute, die »minderen Brüder«, den päpstlichen Segen zu erhalten, in der Nachfolge Christi ohne festen Wohnsitz von der Hand in den Mund leben zu dürfen. Nach der Überlieferung kanzelte das kirchliche Oberhaupt den später Heiliggesprochenen und damit Entmündigten erst einmal ab: »Sicher findest du ein paar

Schweine, Bruder, die dich in ihren Stall aufnehmen. Ihnen magst du predigen, und vielleicht nehmen sie deine Regeln an.«

Er tat es auf seine Art: Bekanntlich predigte Franz von Assisi allen Lebewesen gleichermaßen, Mensch wie Tier, und lobpreiste sie.

Von ihm stammt der berühmte »Sonnengesang«, der den Vorstellungen der alten Israeliten oder auch der Indianer so nahe kommt, seine Hymne an die Schöpfung:

Gelobt seist du,
durch Bruder Wind und die Luft,
durch wolkig und heiter und jegliches Wetter,
durch das du deinen Geschöpfen
Gedeihen gibst.

Gelobt seist du,
durch Schwester Wasser;
gar nützlich ist sie
und demütig und köstlich keusch.

Gelobt seist du,
durch Bruder Feuer,
durch den du die Nacht uns erleuchtest,
und schön ist er und fröhlich ...

Gelobt seist du,
durch unsere Schwester
Mutter Erde,
die uns ernährt und erhält,
vielfältige Frucht trägt
und bunte Blumen und Kräuter.

Gelobt seist du,
durch jene, die aus Liebe zu dir vergeben,
und Schwäche tragen und Trübsal.
Selig, die harren in Frieden ...

Gelobt seist du,
für unsern Bruder, den leiblichen Tod;
ihm kann kein Mensch lebendig entrinnen.

Natürlich reicht's nicht, sich an einem solchen Gesang zu erbauen – oder an Haydns Schöpfung! »Bruder Wind« heute preisen heißt gleichzeitig gegen Luftverschmutzung angehen. Und die »Schwester Wasser« verlangt unseren Einsatz gegen sauren Regen, gegen verseuchte Flüsse. So richtig ökologisch aufgewacht sind viele Christen – ähnlich wie andere Menschen – wohl erst in den letzten zehn Jahren. Einen besonderen Einschnitt bedeutet da das Jahr 1983. In diesem Jahr machte die Vollversammlung des Ökumenischen Rates in Vancouver – ein Einschnitt des Umdenkens des Christentums und die Chance eines Neubeginnes – den Vorschlag, »Gerechtigkeit, Frieden und Bewahrung der Schöpfung« zum Thema einer Weltversammlung zu Beginn der neunziger Jahre zu machen. Erstmals waren damit die Themen des Friedens und der Ökologie untrennbar verbunden, völlig gleichberechtigt und als unlösliche Einheit verstanden. In der Bergpredigt heißt es: »Selig sind die Friedensstifter!«

Das Vernichtungspotential in beiden Blöcken reicht aus, Hiroshima 1,5 millionenmal zu wiederholen. Die Nuklearrüstung und die Vergewaltigung der Natur sind Ausdruck von Aggressivität, Selbsthaß und Vernichtungswut.

Der norwegische Friedensforscher Professor Galtung hält die Überwindung des christlich-manichäischen Dualismus für die Voraussetzung einer friedfertigen Welt:
»Um den Einsatz der Waffen gegen die andere Seite zu legitimieren, muß man die andere Seite zuerst verteufeln... Die schlimmsten Gesellschaften sind die Industriegesellschaften, die von Wachstum und besonders von Rohstoffen, Märkten von außen abhängig und deswegen expansionistisch sind. Die schlimmsten Kulturen sind die Kulturen, die glauben, daß sie die letzte Wahrheit für die ganze Menschheit und für die ganze Welt endgültig gefunden haben. Das sind also besonders die Religionen und die Ideologien, die, wie wir sagen, singulär und universell sind, also der einzig wahre Glaube für die ganze Welt...«
Toleranz ist das Gebot der Stunde. Hineinversetzen in den anderen, auch und gerade in den politischen Gegner, wenn nicht Verständnis, so doch Verstehen. Der Geist der Bergpredigt: »Tuet Gutes denen, die euch hassen! Was ihr von anderen erwartet, das tut ebenso auch ihnen!«
Da, wo es die Selbstgerechten nie erwarteten, wurden *jetzt* Selbstkritik und ein Stück Feindesliebe praktiziert. Ein sogenannter Gottloser aus dem »Reich der Finsternis« ward vom Heiligen Geist erleuchtet, und seine Vorleistungen und das öffentliche Eingeständnis von Fehlern und Schwächen wirken auf die Pharisäer der sogenannten freien Welt *entwaffnend*!

Die große Wirkung und der tiefe Eindruck, die von Anfang an von dem radikalen, revolutionären Text der Bergpredigt ausgegangen sind, haben der offiziellen Kirche und ihren Amtsinhabern nie sehr gefallen. Noch heute geht der theologische Streit darum, wie die entschiedenen sittlichen Forderungen Jesu wohl auszulegen seien. Der

Verzicht auf Besitz, Gewalt und die Durchsetzung eigener Rechtsansprüche war bis jetzt Sache der Kirche nicht. Denn wenn es darauf ankam, stand sie zumeist auf der anderen Seite der Barrikade, bei den wirtschaftlich und politisch Mächtigen.

Seien wir Realisten: Fordern wir das Unmögliche! Das heißt: Gewöhnen wir uns nicht an das zur Gewohnheit gewordene Unrecht und tägliche Verbrechen an der Schöpfung! Unsere Utopien und Träume von heute müssen die Realitäten von morgen sein, sofern es noch eine Zukunft der Menschheit im nächsten Jahrtausend geben soll!

Ansonsten bewahrheitet sich die Prophezeiung des Indianerhäuptlings Seattle: »Die Gier des Weißen Mannes wird die Erde verschlingen und nichts zurücklassen als eine Wüste.«

Nr. 1 Rezitativ

RAPHAEL

Im Anfang war das Wort,
Und das Wort war bei Gott,
Und Gott war das Wort.

LUISE RINSER

Die Mächtigen stürzt er vom Thron

Ein politisches Gebet

Zum »Magnificat« von Johann Sebastian Bach

Dem Höchsten singt meine Seele Jubeldank,
Und mein Geist ist voller Freude im Herrn.
Denn er erhob mich aus meiner Erniedrigung.
Von nun an werden mich selig nennen
Alle künftigen Generationen.
Denn Großes hat an mir getan
Der Mächtige mit dem Heiligen Namen.
Sein Erbarmen wird dauern von Geschlecht zu Geschlecht
Bei allen, die ihm mit Ehrfurcht dienen.

Wer ist es, die diese Worte sagt, die wir als »Magnificat« kennen? Man hat es uns so gelehrt: Es ist jene jüdische Frau, die wir als Maria, Mutter Jesu, verehren. Die junge Frau Mirjam, so hieß sie mit ihrem richtigen, dem aramäischen Namen, habe mit den Worten des Magnificat ihrer Verwandten Elisabeth mitgeteilt, daß sie ein Kind erwarte.

CHOR

Magnificat anima mea Dominum.

SOPRAN II

*Et exsultavit spiritus meus
in Deo salutari meo.*

Jede Mutter, die ihr Wunschkind erwartet, kann ihre Freude mit überschwenglichen Worten ausdrücken. Vor allem konnte es eine israelitische Mutter vor zweitausend Jahren, denn das Kind, das sie trug, war vielleicht der lang und heiß erwartete Messias. Allen israelitischen Frauen stand als Ausdruck hoher Freude ein altes kultisches Gebet zur Verfügung, eben das Magnificat, das aus dem Alten Testament stammt, aus dem Buch der Könige. Diejenige, welcher es zugeschrieben wird, hieß Anna. Sie wurde als unfruchtbar verachtet. Sie machte ein Gelübde. »Wenn der Höchste das Elend seiner Dienerin wendet und mir einen Sohn schenkt, werde ich ihn dem Dienst des Höchsten weihen.« Sie wurde erhört und so aus der Niedrigkeit ihres kinderlosen Standes erhoben. Ihr Danklied ist das Magnificat.

»Mein Herz frohlockt im Herrn.
Erhöht bin ich durch ihn.
Mächtig ist der Herr.
Der Helden Bogen zerbrechen,
Reiche vermieten sich um Brot,
Hungernde werden gesättigt.
Reiche verarmen, Arme werden reich.«

Die Mirjam des Neuen Testaments hat diesen Text fast wörtlich übernommen. Auch für sie ist er das Dankgebet für die Empfängnis eines Kindes. Aber hat sie sich denn ein Kind gewünscht, um vom Unglück der Unfruchtbarkeit erlöst zu werden? Davon kann bei der jungen Mirjam keine Rede sein. Dennoch gelten Annas Worte auch für sie, denn: Wer da unfruchtbar war, das war ihr Volk Israel, das tausend Jahre lang nicht fähig war, den Messias hervorzubringen. Nun aber ist der befruchtende Regen gekommen, der göttliche Same ist in die bereite Erde gefallen, Israel wird seinen Befreier haben. Mirjam trägt ihn in ihrem Schoß. Darum sagt sie: »Von nun an werden mich selig preisen alle Geschlechter.« Diesen Satz finden wir im Magnificat der Anna nicht. Er sagt also etwas Neues. Das

Kind Mirjams ist das Gott-Kind, der Mesisas. Aber woher weiß Mirjam das? Ein Engel habe es ihr gesagt. Ein Engel. Was fangen wir sogenannt Aufgeklärten mit diesem Satze an? Gibt es Engel? Es gibt sie. Wir erleben sie, ohne ihrer gewahr zu werden. Engel sind die Boten zwischen den beiden Bereichen der universalen Wirklichkeit, deren Doppelbürger wir sind: Himmel und Erde, Reich des Geistes und Reich der Materie. Engel sind die Überbringer von Ideen aus der Geistwelt. Sie erinnern uns an das hohe Wissen, das wir einst besaßen als Bürger des geistigen Reiches. Was wir Inspiration nennen und woraus unsre besten Werke entstehen, sind befruchtende Botschaften aus dem Geistbereich, jenem Bereich, dem wir armseligen platten Materialisten keine Wirklichkeit zubilligen, während er doch die Urwirklichkeit ist, die Heimat aller Erscheinungen, die sich in der Erdenmaterie manifestieren.

SOPRAN I

Quia respexit humilitatem
ancillae suae:
ecce enim ex hoc beatam
me dicent.

CHOR

Omnes generationes.

Maria, in ihrer Muttersprache Mirjam, sah einen Engel und erschrak. Das ist natürlich. Sie erschrak noch viel mehr vor seiner Rede: Sie sollte ein Kind haben, sie, die noch ganz Unberührte, die Virgo intacta. Wie sollte sie schwanger werden? Wer sollte der Vater ihres Kindes sein? Der Engel? Er war nur der Abgesandte eines Höheren, der kein Irdischer ist. Sie erschrickt, aber überwindet den Schock, indem sie mit einem einfachen entschiedenen Ja antwortet. Fiat mihi. Mir geschehe, was der Weltenlenker will. Wie das geschehen soll, überläßt sie ihm, so wie sie als Person sich ihm ganz und gar überlassen hat.

»Großes hat der Herr an mir getan«, sagt sie. Was ist dieses Große? Daß sie die Mutter des Gott-Kindes, des Heilsbringers ist und daß sie das Heilsgeschick unseres Planeten in ihrem Schoß trägt. Doch eines kann sie nicht wissen: daß sie trotz Schwangerschaft und Geburt Jungfrau bleiben wird.

Die katholische Theologie hat daraus einen Glaubenssatz gemacht, der besagen soll, daß Mirjam Jungfrau, virgo intacta, blieb: vor, bei und nach der Geburt.

Wer kann das heute glauben? Das Hymen, einmal durchstoßen von außen oder von innen, ist nicht mehr intakt.

So ist es. Aber so ist es nur, wenn wir auf der materiell-physiologischen Ebene denken. Da ist jener Glaubenssatz nicht nur absurd, sondern nähert sich einer Irrlehre, insofern, als er einem andern, einem weitaus wichtigeren Glaubenssatz widerspricht, dem nämlich, der besagt, daß Gott Mensch geworden ist, wirklich Mensch, nicht nur eine Geist-Erscheinung.
Bei Paulus steht: »Er ist uns in allem gleich geworden.« Ist er also wahrer Mensch, dann muß er unser Menschenschicksal teilen in allem, auch in der Art der Menschwerdung, also: Zeugung durch einen menschlichen Vater und

Geburt aus einer Frau. Wenn nun aber behauptet wird, er sei auf ganz andere, auf übernatürliche Art entstanden, fehlt ihm dann nicht Wesentliches am Gleichsein mit uns?

Wäre es eine Beschmutzung von Mirjams Kind, wenn es genau so gezeugt und geboren worden wäre wie wir alle? Ist das strikte Herausnehmen aus dem Natürlich-Menschlichen nicht eine ungeheure Entwürdigung der Frau und auch des Mannes und des gesamten Bereiches des Eros und Sexus? Und ist das nicht die gnostisch-manichäische Irrlehre davon, daß alles Leibliche minderwertig, ja schlecht sei? Ist diese Irrlehre nicht längst von der Kirche selbst dogmatisch widerlegt? Wieso kam sie durch eine Hintertür wieder ins Christentum, das den unheilvollen Dualismus zwischen Geist und Materie praktisch ohnehin nie wirklich überwunden hat?

Oder sollen wir Kinder des naturwissenschaftlichen, auf Genveränderung versessenen Zeitalters vielleicht annehmen, daß es sich bei der Sache der Jungfraugeburt um eine Parthenogenese handelt, um eine natürliche Keimentwicklung ohne Befruchtung? Und das wäre ausgerechnet bei Mirjam geschehen?

Oder sollen wir die Sache als Mythos nehmen? Gab es nicht in vielen antiken Religionen die Vorstellung einer außer- oder übernatürlichen Zeugung eines Helden oder Heiligen, womit das Außerordentliche einer Person erklärt wäre? Die griechische Göttin der Weisheit, Athene, entsprang direkt dem Kopf ihres Vaters Zeus. Eine Ungezeugte, Ungeborene, Mutterlose, das Vaterkind, so wie der Christos der Sohn seines Vaters ist, schon ehe er auf unserer Erde geboren wurde. Der historische Begründer des Buddhismus, Gautama Buddha, hatte zwar eine Mutter, aber keinen Vater; seine Mutter wurde schwanger durch die Berührung mit dem Rüssel eines schneeweißen Elefanten, der die Manifestation eines Gottes war. Unser armer mythenloser Verstand sagt: Derlei gibt es nicht.

Aber: Ist unser rationales Denken die einzig mögliche oder die beste Art der Erfassung unserer Wirklichkeit? Hat unser Verstand nicht allzu enge Grenzen? Ist unser Verstand fähig, außer jenem Teil des Universums, den er in den naturwissenschaftlichen Griff bekommen kann, anderes, Höheres zu erfassen? Ist etwa die rationale Theologie fähig, das Geheimnis Gottes zu erfassen? Sind Chemie, Anthropologie, Psychologie fähig, das Geheimnis der menschlichen Person zu begreifen? Ist irgendeine Wissenschaft fähig, das Geheimnis Liebe in seiner Tiefe zu erfassen?

BASS

Quia fecit mihi magna qui
postens est et sanctum
nomen eius.

Muß es nicht eine andere Art der Wirklichkeitserfassung geben, also auch eine andere Art der Betrachtung der Jungfrauengeburt?

Gehört sie denn überhaupt in den Problembereich des biologisch Möglichen oder Unmöglichen? Sie gehört in einen ganz anderen Bereich und hat ganz andere Dimensionen und andere Gesetze.

Wenn unser platter Verstand sagt, das gebe es nicht, daß eine Mutter Jungfrau bleibt, so kann unser höheres Bewußtsein fragen: Warum eigentlich sollte es der universalen geistigen Energie, mit einem Hilfswort »Gott« genannt, nicht möglich sein, einen Quantensprung zu machen und eine Jungfraumutter zu schaffen? Ist denn Materie wirklich nichts als Materie? Ist sie nicht, laut moderner Physik, zugleich Geist, der sich in Materie manifestiert?

Aber dies alles trifft nicht den Kern des Geheimnisses. Den müssen wir in einem anderen Bereich suchen.

Der große mittelalterliche Mystiker Meister Eckhart gibt uns in einer seiner Predigten eine überwältigend einfache Erklärung dessen, was Jungfräulichkeit eigentlich ist. Es ist nicht wesentlich körperliche Unberührtheit, sondern das Freisein eines Menschen von seinem eigenen Ich mit seinen heftigen Wünschen und falschen Vorstellungen. Als Mirjam ihr »Fiat« sprach, sagte sie damit: »Ich bin leer von mir selbst, ich bin nichts als Bereitschaft für meine Aufgabe, ich stelle mich bedingungslos zur Verfügung.«

In allen spirituellen Religionen finden wir im Wesenskern diese Vorstellung vom Leersein. Nur ein ichlos gewordener Mensch kann offenes Gefäß sein für das Einströmen des Gottesgeistes. Alle unsere Meditationsübungen zielen auf dieses Leersein, und ebendieses Leersein ist das, was der Mystiker Meister Eckhart Jungfräulichkeit nennt.

Wie Meister Eckhart, so verlegt auch der Evangelist Johannes Zeugung und Geburt des Christos ganz ins Geistige: »Im Anfang war der Logos, der Geist, und der Logos war bei Gott, und Gott war der Logos, und der Logos ist Fleisch geworden.«

Über das Wie dieser Fleischwerdung der göttlichen Idee verliert er kein Wort. Für ihn liegt das Eigentliche in dem Entschluß des unsichtbaren Weltgeists, sich in der den Menschen sichtbaren Erdenmaterie zu verleiblichen. Das Wort, das der göttliche Geist sprach, ist die Zeugung, und der Schoß, der das Wort empfing, ist die Erdenmaterie. Der geistige Vorgang manifestierte sich in der irdischen Zeugung und Geburt des göttlichen Kindes.

Für den sogenannten gesunden Menschenverstand ist es schwer zu denken, daß der Mensch Bürger zweier Welten ist: der raum-zeitlich-materiellen und der anderen, der geistigen, die weder Raum noch Zeit, noch Kausalität kennt. Schwer zu denken, daß alles, was auf unserer Erde geschieht, zugleich im Geistbereich geschieht, so daß Mirjam in jenem hohen Bereich ihr Kind vom göttlichen Geist empfing, auf Erden aber von einem irdischen Mann. Ihre Jungfräulichkeit ist ein geistiges Ereignis. Das Wort des Höchsten wurde in Mirjam Fleisch.

Meister Eckhart sagt, Jungfräulichkeit sei kein Wert an sich. Die Jungfrau muß Mutter werden, das heißt: Das göttlich Empfangene muß Frucht werden. Damit ist wiederum ein geistiger Vorgang gemeint: Wer den göttlichen Geist, das göttliche Kind, empfangen hat, muß es austragen und in sich wirken lassen, um es im Alltag zu leben als Liebe.

ALT/TENOR

Et misericordia a progenie
in progenies timentibus eum.

Als die jungfräuliche Maria, in ihrer Muttersprache Mirjam, ihr Fiat sprach, war sie bereit, Mutter zu werden; nicht nur leibliche Mutter eines Kindes, auch nicht nur Mutter des einen göttlichen Kindes, sondern Mutter aller Menschenkinder, Mutter der Menschheit, die verwaist ist, seitdem sie aus der Einheit von Geist und Materie gefallen ist; anders gesagt: aus der Einheit der Vater-Mutter-Gottheit. Mirjams universale Mutterschaft ist in der Kunst oft dargestellt worden: Maria, die Schutzmantelmadonna, unter deren weitgeöffnetem Mantel die verwaiste, verängstigte Menschheit Bergung sucht. Ein Bild dieser Schutzmantelmadonna ist auch in einer Seitenkapelle dieser Abteikirche von Payerne zu sehen.

Der Vorgang von Mirjams Empfängnis und der Geburt des göttlichen Kindes ist zwar ein einmaliges Ereignis, zugleich historisch und kosmisch, aber es ist auch ein immer wiederholtes: Es geschieht in jedem Menschen, der dazu bereit ist und sein Fiat spricht. Der Mystiker Angelus Silesius sagt: »Der Christus ist nicht geboren, wenn er nicht in dir geboren ist.«

Das nun betrifft keineswegs die Frau allein, sondern ebenso den Mann, der zwar der biologisch Zeugende ist in der Beziehung zur Frau, aber ein Empfangender in der Beziehung zu Gott.

So ist es zu verstehen, daß Bach in seinem Magnificat
Worte, die eigentlich nur eine Frau sagen kann, auch von
Männerstimmen singen läßt. Mann und Frau sind gleicherweise Empfangende und Gebärende. So ist das Magnificat nicht nur das Danklied der Frau. Freilich bleibt es
immer wesentlich verbunden mit dem Schicksal der Frau.

STILLE

CHOR

Fecit potentiam in bracchio suo,
dispersit superbos mente
cordis sui.

Seht den Höchsten, wie er Gewalt übt
mit seinem Arm,
Wie er die Hochmütigen zerstreut,
Die Mächtigen vom Thron stürzt
Und die Erniedrigten erhöht;
Wie er die Hungrigen speist
Und die Reichen leer ausgehen läßt.

Dieser Text der Mirjam gleicht dem der Anna aus dem Alten Testament. Das sind politische Gebete, zu Mirjams Zeit vor 2000 Jahren so aktuell wie zu Annas Zeit 1000 Jahre zuvor und heute brennender aktuell als je.

Anna wie Mirjam sprechen ihr Gebet scheinbar als einzelne, tatsächlich aber sprechen sie für viele: Anna für ihr

Volk, Mirjam für die Menschheit. Beide schreien nach Gerechtigkeit. Kein sanftes Gebet demütiger Frauen, vielmehr ein hart fordernder Revolutionsgesang. Wie anders als revolutionär sind ihre Worte vom Sturz der Mächtigen und vom Umverteilen des Besitzes zu verstehen?

Aber ist das dieselbe Mirjam, die so demütig ihr Fiat sprach und der nun so rebellische Worte in den Mund gelegt werden? Woher plötzlich diese revolutionäre Sprache, woher der Mut und die Aufsässigkeit? Hat der himmlische Bote, Gabriel, einer der sehr großen Engel, sie dazu angestiftet?

Ganz offenkundig hat seine Botschaft vom Erscheinen des Messias etwas zu tun mit der Vision Mirjams von der großen sozialen Veränderung auf dieser Erde, und offenkundig ist das Mädchen Mirjam in dem Augenblick, in dem sie das göttliche Zeugungswort aufnahm, in eine andere Dimension erhoben und zur Prophetin geworden, und ganz offenkundig wird ihr selbst eine bedeutende Rolle auferlegt bei der Veränderung auf Erden. Es geht um politisch-soziale Veränderung: um die gründliche Heilung der heillos gewordenen Verhältnisse auf unserer Erde. Heilung durch einen Umsturz, so heißt es im Magnificat. »Die Reichen und Mächtigen werden gestürzt, die Armen erhoben.«

Wenn die heutige Befreiungstheologie diese Gedanken ausspricht, so wiederholt sie damit nur die Worte der Mutter dessen, den wir den Christus nennen. Wieso traut der katholische Papst diesen Theologen nicht, wenn sie die Worte Mirjams dem Volk verkünden?

TENOR

*Deposuit potentes de sede
et exaltavit humiles.*

Dreißig Jahre später wird Mirjams Sohn, zum Mann geworden, so sprechen wie seine Mutter im Magnificat, und man wird ihn umbringen dafür als Staats- und Kirchenfeind. Und die Mutter des Rebellen steht unter dem Galgen und erlebt den Erstickungstod ihres Kindes, des göttlichen Kindes. Stabat Mater. Aufrecht steht sie, denn bei allem natürlichen Schmerz weiß sie, daß dieser Tod sein muß, damit sich ihre Vision vom Reich der Gerechtigkeit und des Friedens verwirklicht, eines Tages, eines fernen Tages.

Daß diese großartige Frau und das junge galiläische Mädchen ein und dieselbe Person sind, das begreift man. Was aber hat diese Person gemein mit der Frau aus der Apokalypse, jener, die mit ihr identisch sein soll und von der geschrieben steht: »Ein großes Zeichen erschien am Himmel: eine Frau mit der Sonne bekleidet, den Mond unter ihren Füßen, auf dem Haupt einen Kranz aus zwölf Sternen. Sie war gesegneten Leibes und schrie in Wehen und Schmerzen des Gebärens.« Die Frau, die den großen Drachen besiegt. Ist dies die Handwerkerfrau aus Galiläa? Ist dies das junge Mädchen, das sein Fiat sprach zu ihrem Schicksal? Was für eine Frau ist denn das?

Es ist nicht *eine* Frau. Es ist *die* Frau. Einmal jene auf der Erdenebene, einmal jene auf der geistig-himmlischen. Sie ist, was sie immer war: die Große Mutter, die Urmutter, die Fruchtbarkeitsgöttin, das Weibliche unter vielen Namen, als Isis, Astarte, Demeter, Kybele, Shakti und als Sophia, die Weisheit, die, so steht es in der Bibel, vor dem Höchsten spielt und tanzt seit Ewigkeit.

Und all das ist sie, weil sie das Weibliche in Gott ist. In dem alten romanischen Kirchlein Urschalling am Chiemsee gibt es ein Deckenpfeilerfresko: die dreifaltige Gottheit, Vater, Sohn und eine Frau, der Heilige Geist, die Weisheit Gottes, die Sophia. Auch Ruah, das hebräische Wort für Geist, ist ja weiblich. So ist denn Mirjam-Maria die Geistperson im Innern der Gottheit.

In der römischen Basilika Maria Maggiore zeigt das Apsismosaik, wie der gekrönte Christos seiner Mutter die Königskrone aufsetzt und sie so zur Mitherrscherin im Kosmos macht, zur Mitbestimmerin des Schicksals der Menschheit. Dieses Bild zeigt in aller Deutlichkeit, daß dem Weiblichen die absolute Gleichberechtigung mit dem Männlichen zukommt.

Rede ich an unserer Erdenwirklichkeit vorbei? Übersehe ich vor lauter Mythologie, Esoterik und mystischer Theologie die konkrete Frau auf unserer Erde? Verfalle ich dem heillosen Fehler einer Kirche, die dazu neigt, den Marienkult zu übersteigern, während sie gleichzeitig die konkrete Frau abwertet, indem sie ihr alle priesterlichen Funktionen verweigert, die typisch männliches Privileg sein und bleiben sollen, nach Meinung dieser Kirche?

Keineswegs. Ich steuere von Anfang an auf die politische Wirklichkeit zu, und jetzt werde ich von jenem Teil des Magnificat reden, der brennend politisch ist, weil er von der immerwährenden Misere der Menschheit redet: von der himmelschreienden Ungerechtigkeit.

ALT

*Esurientes implevit bonis et
divites dimisit inanes.*

Wer ist es, die gegen die Ungerechtigkeit rebelliert? Es ist die Frau. Sie macht sich zur Sprecherin aller Unterdrückten. Sie steht auf gegen den Höchsten und beschwört ihn, sein Wort zu halten, das er den Urvätern gab: den großen Gerechten zu senden, der endlich und endgültig Gerechtigkeit auf Erden schafft. Was diese Frau, die Frau, vom Höchsten fordert, ist das Einhalten des uralten Bündnisses von Gottheit und Menschheit. Sie stellt den Zustand dar, den der Höchste schaffen soll. Sie redet so, als sei er bereits geschaffen. Das ist eine Provokation. Du sollst so handeln, Gott, denn das hast du versprochen.

Was aber ist es konkret, das sie fordert? Bachs Musik betont mit Heftigkeit, was gefordert wird: »dispersit superbos, deposuit potentes«: die Hochmütigen zerstreuen, die Gewaltigen vom Thron stoßen. Wer sind die Mächtigen und Stolzen, die gestürzt werden sollen, denen die Weltherrschaft aus den Fäusten genommen werden muß? Was anders kann gemeint sein als der Sturz des Patriarchats, denn wer sonst wären die Gewalttäter, die Rüstungsfabrikanten, sie vor allem, die Kriegshetzer, die Vorbereiter der Massenmorde, die eiskalten Profitemacher, die Ausbeuter, die Diktatoren, die Unterdrücker der Schwächeren, die Verächter der Frau, die Zerstörer der Natur? Was anders ist denn die Ursache des Unheils als die Alleinherrschaft des männlichen Prinzips, das jeden konkreten Mann zum Herrschen berechtigt und jede Gesellschaft zum Männer-Krieger-Staat macht? Wer trägt die Schuld an den Kriegen, wer die Schuld an der um sich greifenden großen Angst, am Mißtrauen von Volk zu Volk, von Mensch zu Mensch? Wer vertreibt den Geist der Liebe von unserem Planeten? Wer macht die Hölle aus unserer Erde?

Wenn Mirjam den Sturz der Mannwelt von Gott fordert, während sie soeben in ihrem Schoß das Kind der universalen Liebe empfangen hat, dann kann ihre revolutionäre Rede nicht Krieg meinen, nicht Kampf der Frauen gegen die Männer, nicht den einfachen Machtwechsel von Ausbeutern und Ausgebeuteten, nicht die blutige Revolution, so lebensnotwendig sie auch in bestimmten geschichtlichen Augenblicken sein mag. Was Mirjam meint, das ist die Überwindung aller Machtstrukturen. Das ist freilich der revolutionärste aller Umstürze: die Gewalttäter entwaffnen durch das Unterlaufen ihrer Angriffe, das heißt durch den vollen Einsatz der Liebe. Mirjams Sohn sagte: »Schlägt dich einer auf die rechte Wange, so biete ihm auch die linke.« Er selbst hat es uns vorgelebt. Wir haben sein Beispiel vergessen, verraten und wagen es noch, uns Christen zu nennen.

Die Überwindung der Mann-Macht-Welt schafft die konkrete Frau allein nicht. Das schafft keine Frauenpartei, keine Frauenregierung. Dazu bedarf es einer mächtigen Unterstützung aus dem Bereich der geistigen Welt. Hier muß das weibliche Prinzip der universellen Gottheit eingreifen. Hier muß unser Gebet die Hilfe der Madonna herbeizwingen, der Patronin der Befreiungstheologie.

Mirjam, auf der Erdenebene eine galiläische Handwerkerfrau, ist auf der Geistebene Sophia, das weibliche Prinzip in Gott. Wenn das Männliche in Gott seine Macht und Gerechtigkeit ist, dann ist das Weibliche in Gott Barmherzigkeit und Liebe.

CHOR

Suscepit Israel puerum suum,
recordatus
misericordiae suae.

CHOR

Sicut locutus est ad
Patres nostros,
Abraham et semini eius
in saecula.

Seht den Barmherzigen.
Er nimmt Israel an wie ein Kind.
So hat er es unsern Vätern versprochen,
Abraham und dem ganzen Volk
und für immer.

Wir kennen viele Stellen aus dem Alten und dem Neuen Testament, wo Gottes gerechter Zorn über die verrotteten Menschen im Widerstreit liegt mit seiner Menschenliebe. Soll er das sündige Ninive zerstören, oder soll er es verschonen um der wenigen guten Bewohner willen? Er schont die Stadt. Er ist also ansprechbar vom Menschen, der für Barmherzigkeit plädiert. Ein Gott, der sich umstimmen läßt – ist das nicht ein allzu menschlich gedachter Gott? Oder sagt diese Vorstellung nicht das Wichtigste aus über ihn? Sich umstimmen zu lassen, ist das nicht ein Zeichen dafür, daß dieser Gott ein lebendiger ist? Gehört zu diesem Lebendigsein nicht die Dialektik in seinem Innern: die Spannung zwischen dem kosmischen männlichen und dem kosmischen weiblichen Prinzip?

Das weibliche Prinzip hat einen Namen in der Erdenwelt: Mirjam, Maria. Sie, und sie allein, vermag das männliche Prinzip außer Kraft zu setzen. Wenn die liebende Weisheit, der Heilige Geist, vom Christos selbst »der Tröster« genannt, sich für die Menschheit einsetzt, dann ist Rettung möglich.

Das Männliche also ist, was die Sängerin des Magnificat meint, wenn sie vom Sturz der Mächtigen spricht, und das Weibliche ist es, was sie meint, wenn sie von der Barmherzigkeit des Höchsten spricht. Das ist letzten Endes die große prophetische Schau vom Friedensreich.

Wird es, so fragen wir gequälten Menschen, denn je eine Erdenzeit geben, in der diese Vision Wirklichkeit wird?

In der Apokalypse steht geschrieben, daß die Frau in Wehen liegt und vor Schmerzen schreit. Das heißt: Das göttliche Kind ist noch nicht geboren, die Mutter liegt in Geburtswehen. Noch ist das weibliche Prinzip in der Schöpfung nicht mächtig genug, um die Erdenwelt zu verändern. Noch ist der apokalyptische Drachen, der das göttliche Kind verschlingen will, nicht besiegt. Es liegt an der konkreten Frau, die große Wandlung herbeizuführen, dann wird sie, nach den Worten des Magnificat, seliggepriesen von allen künftigen Generationen.

CHOR

Gloria Patri, gloria filio,
gloria et Spiritui sancto,
Sicut erat in principio
et nunc et semper
et in saecula saeculorum.
Amen.

HANS KÜNG

Opium des Volkes?

Eine theologische Meditation

Zur »Krönungsmesse« von Wolfgang Amadeus Mozart

Musik, Kirchenmusik, Mozart-Musik:
Opium des Volkes? Darf ich so fragen?
Nein, ich soll und will hier keine Interpretation der Mozartschen Musik geben, auch keine theologische Analyse der Meßtexte vorlegen und eine fromme Predigt schon gar nicht halten. Ich soll und will hier, im Kontext einer konzertanten Aufführung, meine persönlichen Gedanken zu »Mozarts Krönungsmesse« vorlegen – und zwar unter dem Leitwort Religion und Macht.

Und deshalb sage ich auch ganz direkt, wovon die folgenden kurzen Meditationen bestimmt sein werden: Ich kann diese Musik von Anfang bis Ende nicht hören, ohne an das Schicksal des Musikers Mozart zu denken und mir die politisch-kirchliche Lage *damals* und die kirchlich-politische Lage *heute* zu vergegenwärtigen. Denn wer wüßte nicht, daß die Konflikte der Vergangenheit alles andere als vergangen sind – im Raum einer Kirche wie der katholischen insbesondere, wo zur Zeit wieder auch in Salzburg und in Feldkirch und Wien, in Köln und Chur ein Streit im Zeichen von Religion und Macht, um Bischofsstühle und Lehrstühle ausgetragen wurde und wird.

Blenden wir für einen Moment zurück ins Salzburg des Jahres 1779: 23 Jahre war Wolfgang Amadeus Mozart alt, als er – seines Zeichens fürsterzbischöflicher Hof- und Domorganist – diese sogenannte »Krönungsmesse« komponierte. Stadt und Land wurden beherrscht von einem typischen Vertreter des »aufgeklärten Despotismus«, der kirchliche und weltliche Macht in effektiver Verwaltung zu einer autoritären Synthese zu verschmelzen wußte: Hieronymus Colloredo, an sich reformfreudig gesinnt. Und ein Ergebnis seines Reformeifers war eine Liturgiereform. Kurz sollte eine Messe dauern, und dies nicht etwa aus amusischer kirchenfürstlicher Willkür, sondern eher aus aufgeklärt-pastoraler Sorge heraus: um dem konzertanten Ausufern der Kirchenmusik zu wehren und die Kirchenmusik wieder in die Liturgie einzuordnen. Für einen jungen Hofkompositeur wie Wolfgang Amadeus Mozart eine kompositorische Herausforderung: Verlangt war äußerste Kürze, höchste formale Konzentration und doch festliche Feierlichkeit! Das Ergebnis ist denn auch unsere Messe: »Missa brevis in C-dur« – eine »Kurz-Messe« mit festlich-pontifikaler Trompetenbesetzung also, zuerst aufgeführt wohl an Ostern 1779 im Dom zu Salzburg.

Doch vergessen wir nicht: Zwei Jahre vor dieser seiner Messe hatte Mozart sich von Salzburg nach Paris absetzen wollen. Als er aber beim Erzbischof um seine Entlassung nachsuchte, wurde ungnädig auch sein Vater als Hofmusiker entlassen. In einem Brief an den Vater auf der Reise nach Paris nimmt Mozart denn über diese Arroganz kirchlicher Macht auch kein Blatt vor den Mund: »Wie wir gedenken, daß der Mufti H(ieronymus) C(olloredo) ein Schwanz, Gott aber mitleidig, barmherzig und liebreich sei.«

Doch nochmals ein Scheinwerferlicht: Paris 1778 – die Stadt Ludwigs XVI., Marie-Antoinettes, aber auch Voltaires. Es war die Zeit, da kritisch-aufgeklärte Geister zunehmend mit dem kirchlichen und staatlichen Absolutismus in einen tödlichen Konflikt gerieten. Im selben Jahr 1778 hatte man in Paris Mozarts Mutter, aber auch Voltaire zu Grabe getragen – unter Verweigerung eines christlichen Begräbnisses! Eine konfliktträchtige, immer spannungsgeladenere Atmosphäre: Ob der angeblich unpolitische junge Mozart, der gerne über Priester, Mönche, Kollegen spottete und später immerhin zum Freimaurer wurde, geahnt hat, daß dieses von Voltaire und den Aufklärern verhöhnte Ancien régime, dieser Bund von Thron und Altar, dem Untergang entgegentrieb, während er am völlig verweltlichten, doch »katholischen« französischen Hof stille Messen mit Konzertbegleitung miterlebte? Ob ihm nicht auch jenes in Paris kolportierte Wort Voltaires zu Ohren gekommen war: »Ecrasez l'infâme«, »Vernichtet die Infame« – die mächtige katholische Kirche natürlich? Ob der von Haus aus keineswegs revolutionär gesinnte Mozart ahnte, daß der ihm so verhaßte Erzbischof Graf Colloredo, gegen den er – um seiner bürgerlichen und künstlerischen Unabhängigkeit willen – zum »Revolutionär« werden sollte, der letzte regierende geistliche Landesfürst Salzburgs sein würde? Das »Kyrie eleison – Herr erbarme dich« sollte bald einen anderen Klang bekommen.

Warum ich das alles in Erinnerung rufe? Weil man, wenn man die Krönungsmesse heute hört, nicht das Donnergrollen vergessen darf, nicht die Gewitterwolken, die sich über der Zeit zusammenzogen und die sich 1789 in der Großen Revolution zu Paris entluden; vor genau 200 Jahren wurde der Thron weggefegt und der Altar auf Dauer erschüttert! Und weil man auch die heutigen Konflikte in der Kirche um die Freiheit des Christenmenschen und die der Ortskirchen um Lehrfreiheit und Befreiungstheologie nicht vergessen sollte, Konflikte, die uns so oft empört oder resigniert oder eben doch hoffnungsvoll sagen lassen: »Kyrie eleison – Herr erbarme dich.«

KYRIE

Kyrie eleison.	*Herr, erbarme dich.*
Kyrie eleison.	*Herr, erbarme dich.*
Kyrie eleison.	*Herr, erbarme dich.*
Christe eleison.	*Christus, erbarme dich.*
Christe eleison.	*Christus, erbarme dich.*
Christe eleison.	*Christus, erbarme dich.*
Kyrie eleison.	*Herr, erbarme dich.*
Kyrie eleison.	*Herr, erbarme dich.*
Kyrie eleison.	*Herr, erbarme dich.*

Da hören wir nun diese triumphale Musik, und ich frage mich skeptisch, zweifelnd: Musik, Kirchenmusik, Mozarts Musik – ist sie nicht vielleicht doch so etwas wie Opium des Volkes, des Kirchenvolkes und des Konzertvolkes, Rauschmittel zur Betäubung der Ohren, damit man das Murren und Aufbegehren gegen Amtsanmaßung in der Kirche und auch die Gefahrensignale in der Gesellschaft nicht hört? Auch heute nicht, da das Ticken der bevölkerungspolitischen, chemischen, gentechnischen und atomaren Zeitbomben immer lauter wird?

Was Mozarts Seele bedrückte und bedrängte, läßt sich kaum je aus seiner Musik herauslesen. Was aber uns bedrückt und bedrängt, das wissen wir. Und da betäubt und betört mich nun Mozarts machtvolles Kyrie in keiner Weise, im Gegenteil, es ermutigt mich und stärkt meinen Widerstand: »Kyrie eleison – Herr, erbarme dich.« Dieser uralte Ruf der Christenheit – oft das einzige, was gequälte

Menschen in Armenien, in Nordirland, im Sudan und in Libanon noch schreien können –, in dieser Messe ist er Ausdruck eines unverdrossenen Vertrauens auf Gottes Erbarmen. Nein, hier erklingt keine betäubende, vertröstende, sondern eine getroste, eine zutiefst zuversichtliche Musik. Ausdruck einer letztlich siegesgewissen Hoffnung, welche die Konflikte in der Kirche und die Gefahren der Welt kennt und ihnen nicht ohne innere Freude ein Dennoch entgegenzusetzen vermag: »Kyrie eleison – Herr, erbarme dich.« Und gerade so: »Gloria in excelsis Deo – Ehre sei Gott in der Höhe.«

Ich kann auch das Gloria nicht hören, ohne mich wieder und wieder zu fragen: Ist eigentlich ein größerer Kontrast denkbar zwischen diesem Text, dieser Musik und dem Leben dessen, der sie komponierte? Ein größerer Kontrast zwischen dem Meister und seiner Behandlung durch den Autokraten in der Bischofsoutane? Wurde Mozart, als er zwei Jahre nach dieser Messe ein erneutes Entlassungsgesuch einreichte, nicht von diesem Erzbischof als »Lump, Lausbub und Fex« beschimpft und von dessen Haushofmeister nach drei unbeantworteten Entlassungsgesuchen mit einem Fußtritt aus dem Audienzzimmer gejagt? Mozart – behandelt wie ein lästiger Hund, entehrt von den wahren Herren »in der Höhe«, die als Stellvertreter Gottes alle »Gloria«, alle »Ehre«, für sich reklamierten! »Ich will nichts mehr von Salzburg wissen«, schrieb Mozart an seinen Vater, »ich hasse den Erzbischof bis zur Raserei.«

Niemand konnte damals ahnen, daß es mit solch fürstlich-klerikaler Repression nur wenige Jahre später auch in Salzburg vorbei sein sollte, als in Paris die Köpfe zu rollen begannen. Von »Gloria in excelsis *Deo*«, von *Gott* war dort nicht mehr die Rede. Freilich auch nicht mehr von »Pax, Pax, Pax« (in der Krönungsmesse dreimal mit größtem Nachdruck eingehämmert), von »Frieden unter den Menschen seines Wohlgefallens!« Ehre sei Gott? Es war nicht zuletzt die von vielen Vertretern der Kirche praktizierte feudale Arroganz der Macht, die dazu führte, daß in Paris die Parole herumging: »Die Priester an die Laterne!« Warum waren jetzt so viele gegen den Gottesglauben? Weil dieser den von Gottes Gnaden herrschenden Fürsten und Päpsten, Bischöfen und Priestern als Mittel diente, die Menschen in Unvernunft und Aberglauben, in Unmündigkeit und Unfreiheit zu halten. Der Atheismus – zum erstenmal in der Weltgeschichte wurde er zum politischen Programm! 1793 wird der christliche Gott, dem in der Krönungsmesse ein gutes Dutzend Jahre zuvor noch das Gloria gesungen worden war, in Notre-Dame zu Paris abgesetzt und die atheistische Vernunft als Gegengöttin proklamiert. Ihr und der sie verkörpernden Nation wird jetzt die Gloire gesungen und im Namen des Vaterlandes ganz konsequent zum großen nationalen Kriege gerufen: »Allons, enfants de la Patrie...« Statt das Gloria die Marseillaise!

Religion und Musik – ja, beide können Opium des Volkes sein! Und als christlicher Theologe sage ich es mit Scham: Bis in unsere Zeit – und nicht nur in Südamerika, Spanien, Portugal und Südafrika – war und ist die Kirche Stütze eines unsozialen, korrupten und bankrotten »Ancien régime«, hat sie Arm in Arm mit der Reaktion »Freiheit, Gleichheit und Brüderlichkeit« mit Füßen getreten, hat sie dem Faschismus gehuldigt. Nein, das dürfen wir nicht vergessen und verdrängen in einer Zeit wie der unsrigen, wo es in der Kirche selber so wenig »Brüderlichkeit« und

»Schwesterlichkeit« gibt und ein Papst und die Seinen wieder dabei sind, durch autokratische Bischofsernennungen, willkürliche Zensur von Theologen, vielfältige Diskriminierung von Frauen, unbarmherzige Disziplinierung ungezählter kritischer Priester und Laien diese – letztlich urchristlichen – Ideale von Freiheit, Gleichheit und Brüderlichkeit zu verraten.

Aber – so wird hier gesungen – es gibt nur den *einen* Gott und Vater (der uns auch Mutter ist) und nur den *einen* Herrn, der nicht ein Papst ist und nicht ein Staatspräsident, nicht ein Führer und nicht ein Chef. »Du *allein* bist der Heilige, du *allein* der Herr, Jesus Christus.« Und wir alle, Brüder und Schwestern, Weltliche und Geistliche, Glaubende und Zweifelnde, sind vor ihm Unheilige, die der *Vergebung* bedürfen. Und wenn immer ich mich ins Mozartsche Gloria hineinhöre, komme ich von der einen Stelle nicht los: Wo von der Vergebung der Sünden und vom »Miserere nobis« die Rede ist, schlägt diese Musik um ins Moll! Ja, hier wird eine entscheidende Dimension meines Menschseins, mein Versagen und Verschulden, gegen allen falschen Optimismus sehr persönlich in Anschlag gebracht. »Gloria« und »Miserere« gehören zusammen.

GLORIA IN EXCELSIS DEO

Gloria in excelsis Deo
et in terra pax hominibus
bonae voluntatis.
Laudamus te,
benedicimus te,
adoramus te,
glorificamus te. Gratias agimus tibi
propter magnam gloriam tuam,
Domine Deus, Rex caelestis,
Deus Pater omnipotens.
Domine Fili unigenite, Jesu Christe,
Domine Deus, Agnus Dei,
Filius Patris,
qui tollis peccata mundi,
miserere nobis;
qui tollis peccata mundi,
suscipe deprecationem nostram.
Qui sedes ad dexteram Patris,
miserere nobis.
Quoniam tu solus Sanctus,
tu solus Dominus,
tu solus Altissimus,
Jesu Christe,
cum Sancto Spiritu:
in gloria Dei Patris.
Amen.

Ehre sei Gott in der Höhe
und Friede auf Erden den
Menschen seiner Gnade.
Wir loben dich,
wir preisen dich,
wir beten dich an,
wir rühmen dich und danken dir,
denn groß ist deine Herrlichkeit:
Herr und Gott, König des Himmels,
Gott und Vater, Herrscher über das All.
Herr, eingeborener Sohn, Jesus Christus,
Herr und Gott, Lamm Gottes,
Sohn des Vaters,
du nimmst hinweg die Sünde der Welt:
erbarme dich unser;
du nimmst hinweg die Sünde der Welt:
nimm an unser Gebet;
du sitzest zur Rechten des Vaters:
erbarme dich unser.
Denn du allein bist der Heilige,
du allein der Herr,
du allein der Höchste:
Jesus Christus,
mit dem Heiligen Geist,
zur Ehre Gottes des Vaters.
Amen.

Es gibt auch im Credo eine Stelle, die mich stets besonders berührt hat. Geborener Dramatiker, der er war, hat Mozart das lange Glaubensbekenntnis mit musikalischer Ökonomie mehr denn je vom Text her gestaltet und es dramatisch strukturiert. So plötzlich – mitten in diese Theodramatik hinein – wird es leise in seiner Musik, wird es sanft und ganz persönlich: Die Botschaft »et incarnatus est – und ist Mensch geworden« wird durch ein Soloquartett vorgetragen, um die musikalische Dramatik gleich wieder dem Chor zu übergeben:
»Et crucifixus, et resurrexit ...«

Im Mittelpunkt und Wendepunkt des Credo also – beinahe scheu komponiert – die Botschaft vom *menschgewordenen Gottessohn*. Ob der Glaube an Jesus als Gottes Sohn für Mozart ein theologisches Problem war? Wohl kaum. Aber gilt dies noch heute? Ich will mir als Theologe gerade auch angesichts einer konzertanten Meßaufführung nichts vormachen: Für ungezählte Menschen – vermutlich auch unter Ihnen, die Sie sich jetzt das Credo anhören, weil *Mozart* es vertont hat – ist der kirchliche Glaube an Jesus als menschgewordener Gottessohn schlechterdings nicht mehr nachvollziehbar. Zu sehr klingt er nach Wunschdenken, Ideologie, Illusion, Projektion. Der Christusglaube – er überwintert für viele im Raum musikalischer Kultur.

Wahrhaftig, steckt hinter dem Glauben an den menschgewordenen Gottessohn mehr als der Glaube an den gottgewordenen Menschen, wie man seit dem Extheologen Ludwig Feuerbach der Welt verkündet? Wir wissen: Mozart hatte den historischen Konflikt zwischen dem Christen und dem modernen Bürger noch ohne tödlichen Schaden für seine Frömmigkeit erlebt; zwei Generationen später endete dieser Konflikt im Atheismus: im Atheismus als dem scheinbar wahren Humanismus. Und an die Stelle des Glaubens trat für viele der Unglaube, an die Stelle der Bibel die Vernunft, an die Stelle der Religion die Politik, an die Stelle des Himmels die Erde, des Gebetes die Arbeit, an die Stelle des Christen der Mensch...

Warum ich das alles in Erinnerung rufe? Weil ich meine: Gerade die kritischsten Stimmen muß man mithören, wenn man heute das christliche Credo im Gewande Mozartscher Musik nicht nur goutieren, sondern auch verstehen und ernst nehmen will. Aus Erfahrung weiß ich: Kein zeitgemäßer Glaube kommt heute mehr an der Religionskritik vorbei; kein schriftgemäßer Glaube, der sich nicht doch dem Verdacht stellen müßte, er sei bloße Projektion, Wunschdenken. Doch auch dies weiß ich aus Erfahrung: Die moderne Umwertung aller Werte hat den Menschen nicht vor Unmenschlichkeit und Barbarei bewahrt; der prophezeite »Untergang des Christentums« ist nicht erfolgt. Der christliche Glaube lebt heute sogar wieder neu auf, und dies nicht nur in Afrika und Lateinamerika. Ich selber jedenfalls vertraue darauf, daß meinem Projizieren, wie es nun einmal mit allem menschlichen Glauben, Hoffen und Lieben verbunden ist, in Realität doch etwas durchaus Wirkliches, eben Gottes so ganz andere Wirklichkeit entspricht. Als durchaus aufgeklärt vernünftiger Zeitgenosse darf ich mich verlassen auf den einen Gott und den er gesandt hat: Credo.

CREDO IN UNUM DEUM

Credo in unum Deum,
Patrem omnipotentem,
factorem caeli et terrae,
visibilium omnium et invisibilium.

Et in unum Dominum Jesum Christum,
Filium Dei unigenitum,
et ex Patre natum ante omnia saecula.
Deum de Deo, lumen de lumine,
Deum verum de Deo vero,
genitum, non factum,
consubstantialem Patri:
per quem omnia facta sunt.

Qui propter nos homines et
propter nostram salutem descendit de caelis.
Et incarnatus est
de Spiritu Sancto
ex Maria Virgine,
et homo factus est.

Crucifixus etiam pro nobis
sub Pontio Pilato;
passus et sepultus est.
Et resurrexit tertia die,
secundum Scripturas,
et ascendit in caelum,
sedet ad dexteram Patris.

*Wir glauben an den einen Gott,
den Vater, den Allmächtigen,
der alles geschaffen hat, Himmel und Erde,
die sichtbare und die unsichtbare Welt.*

*Und an den einen Herrn Jesus Christus,
Gottes eingeborenen Sohn,
aus dem Vater geboren vor aller Zeit:
Gott von Gott, Licht vom Licht,
wahrer Gott vom wahren Gott,
gezeugt, nicht geschaffen,
eines Wesens mit dem Vater;
durch ihn ist alles geschaffen.*

*Für uns Menschen und zu unserem Heil
ist er vom Himmel gekommen,
hat Fleisch angenommen
durch den Heiligen Geist
von der Jungfrau Maria
und ist Mensch geworden.*

*Er wurde für uns gekreuzigt
unter Pontius Pilatus,
hat gelitten und ist begraben worden,
ist am dritten Tage auferstanden
nach der Schrift
und aufgefahren in den Himmel.*

Et iterum venturus est cum gloria,
iudicare vivos et mortuos,
cuius regni non erit finis.

Et in Spiritum Sanctum,
Dominum et vivificantem:
qui ex Patre Filioque procedit.
Qui cum Patre et Filio
simul adoratur et conglorificatur:
qui locutus est per prophetas.
Et unam, sanctam, catholicam
et apostolicam Ecclesiam.

Confiteor unum baptisma
in remissionem peccatorum.
Et exspecto resurrectionem mortuorum,
et vitam venturi saeculi.
Amen.

Er sitzt zur Rechten des Vaters
und wird wiederkommen in Herrlichkeit,
zu richten die Lebenden und die Toten;
seiner Herrschaft wird kein Ende sein.

Wir glauben an den Heiligen Geist,
der Herr ist und lebendig macht,
der aus dem Vater und dem Sohn hervorgeht,
der mit dem Vater und dem Sohn
angebetet und verherrlicht wird,
der gesprochen hat durch die Propheten;
und die eine, heilige, katholische
und apostolische Kirche.

Wir bekennen die eine Taufe
zur Vergebung der Sünden.
Wir erwarten die Auferstehung der Toten
und das Leben der kommenden Welt.
Amen.

Ich kann mich und kann Sie nicht darüber hinwegtäuschen: In diesem Credo gibt es kaum ein Wort – vom Wort »Gott« angefangen bis hin zu Aussagen über »Jungfrauengeburt«, »Höllenfahrt«, »Himmelfahrt« und »ewiges Leben« –, das nicht der kritischen Übersetzung in heutiges Denken und heutige Sprache bedürfte. Ich gebe zu: alles geheiligte liturgische Texte gewiß, die nicht etwa weggeworfen werden sollen. Aber jedes Wort will neu verstanden sein. Dies gilt nicht nur vom Credo, sondern auch vom vierten Text der Messe, dem ältesten und feierlichsten biblischen Text von allen: das »Dreimalheilig« der Seraphim, das der Prophet Jesaja in seiner Berufungsvision vernommen hatte (Is 6,3), »Heilig, heilig, heilig...«: das Sanctus, das Mozart zur Gänze den Chor singen läßt. Gottes erhabene Majestät wird hier hochgepriesen mit dem uralten jüdischen Jubelruf »Hosanna«, »Hosanna in der Höhe«: bei Mozart ein überwältigendes »Andante maestoso«. Überwältigend – musikalisch gewiß, aber auch intellektuell?

Ich frage mich und frage Sie: Der Glaube an »Gottes Majestät« – ist er heute noch möglich? Sind in unserem Jahrhundert Verdun und Stalingrad, der Archipel Gulag und der Holocaust nicht Gegenerfahrungen schlechthin? Sind denn Himmel und Erde noch erfüllt von Gottes Herrlichkeit und nicht vielmehr von des Menschen Erbärmlichkeit, vom Schrei der geknechteten Kreatur nach Gerechtigkeit?

Was ebenfalls zwei Generationen nach Mozart begann (Karl Marx der große Zeuge), heute ist es beinahe ein intellektueller Gemeinplatz: Die Religion wird diagnostiziert und verabschiedet als »Opium des Volkes«, Betäubungsmittel der ausgebeuteten und elenden Massen. Die »Kritik des Himmels« hat sich verwandelt in die »Kritik der Erde«: die Kritik der Religion in die Kritik des Rechts, die Kritik der Theologie in die Kritik der Politik.

Und kann ich das alles als glaubender Christ bestreiten? Opium des Volkes war die Religion doch nur allzuoft, Opium freilich auch die Musik – die Marschmusik nicht nur, mit der Millionen in den Tod getrieben wurden, auch die Kirchenmusik, die einem autoritären Kirchenregime bis heute als wohlduftender Tarnnebel dient. Wahrhaftig: Musik kann benebeln. Musik kann betäuben. Musik kann verführen. Und sind nicht auch Kirchenchristen in Gefahr, sich in eine musikalisch erzeugte religiöse Gefühlswelt einzulullen, um die praktischen Probleme der Zeit nicht zur Kenntnis nehmen zu müssen? Religion *und* Musik als Opium des Volkes? Nein, niemand kann es übersehen: Gerade die kirchliche Hierarchie ist bis heute in Gefahr, mit Pontifikalmessen vor allem sich selber zu zelebrieren und die eigene Selbstherrlichkeit mit der Herrlichkeit Gottes zu verwechseln. Dagegen gilt: Nur wer mit den Triumphfanfaren des »Hosianna« nicht die Revolutionsfanfaren, besser den Schrei nach Gerechtigkeit von Südafrika bis Chile, von der DDR bis Armenien, aber auch in der katholischen Kirche selber übertönt, nur der hört dieses Sanctus richtig: den Lobgesang auf den dreimal-heiligen Gott, der der alleinige Herr *aller* Mächte und Gewalten ist, *aller* Mächtigen und Gewaltigen in Staat und Kirche.

SANCTUS, SANCTUS, SANCTUS

Sanctus, Sanctus, Sanctus:
Dominus Deus Sabaoth.
Pleni sunt caeli et terra
gloria tua.
Hosanna in excelsis.

Eines scheint mir heute entscheidend: Dieser eine Gott und Herr aller Mächte und Gewalten darf dem Menschen nicht wieder unter der Maske einer feudalistisch-absolutistischen weltlichen oder geistlichen Autorität vorgestellt werden. Er muß mit seinem ursprünglich menschenfreundlichen Gesicht glaubbar sein. Nach dem ganzen Neuen Testament hat er dieses, sein wahres menschenfreundliches Gesicht geoffenbart: im Menschen Jesus von Nazareth nämlich, der in seinem ganzen Wesen, Reden und Tun des wahren Gottes Abbild ist; Gottes Messias, der gekommen ist und kommen wird im Namen Gottes. »Hochgelobt sei, der da kommt im Namen des Herrn«: »Benedictus qui venit in nomine Domini.« Wenn ich ihn mit so vielen anderen Großen dieser Welt vergleiche – und er hält alle Vergleiche aus –, so ist dies für mich das wahrhaft Erregende und Zumutende des christlichen Glaubens: In diesem Menschgewordenen ist die Menschenfreundlichkeit und Liebenswürdigkeit Gottes selber erschienen. Keine Utopie, keine Illusion, doch eine Forderung zum vertrauenden Glauben.

Warum sage ich dies so deutlich? Nicht nur weil heute manchmal von Muslimen ein Gott der Rache, der Gewalttätigkeit und des Mordes gepredigt wird, sondern weil von christlichen Priestern und Predigern, Eltern und Er-

Heilig, heilig, heilig:
Gott, Herr aller Mächte und Gewalten.
Erfüllt sind Himmel und Erde
von deiner Herrlichkeit.
Hosanna in der Höhe.

ziehern leider noch immer oft schon den jungen Menschen nicht ein menschenfreundlicher, sondern ein lebensfeindlicher, hochmoralischer »Henkergott« (der Ausdruck stammt vom Pfarrerssohn Friedrich Nietzsche) gepredigt wurde und wird. Ja, wie oft ist der Begriff »Jenseits« dazu mißbraucht worden, um diese irdische Welt zu entwerten? Wie oft hat der christliche Begriff der Seele oder des Geistes nur dazu gedient, den Leib zu verachten? Wie oft wurden Christen in einen verrückten Zirkel zwischen Bußkrampf und Erlösungshysterie hineingetrieben, haben so etwas wie eine Gottesvergiftung in der eigenen Seele zu spüren bekommen? Dazu muß ich sagen: Wenn das alles wäre, wenn das also die christliche Moral und Dogmatik wirklich wäre, dann könnte ich wie viele andere nicht mehr Christ, sondern nur Antichrist sein.

Aber so ambivalent, zwiespältig das real existierende Christentum auch ist – der reale Christus der Geschichte, der gekommen ist im Namen des Herrn, ist eindeutig, ist anders! Und er ist Norm und Grenze für alle kirchliche Autorität. Mit Jesus von Nazareth hat jene Art von Christentum nichts zu tun. Ecce homo! Er ist und bleibt für mich und so viele in aller Welt die Appellationsinstanz in Kirche und Gesellschaft: für wahre Menschlichkeit und Mitmenschlichkeit, für Gewaltlosigkeit, Dienst- und Versöhnungsbereitschaft, für den Frieden, Gerechtigkeit und Liebe. Von diesem Christus gilt: Christsein meint radikales, meint wahrhaft menschliches Menschsein. Und deshalb sei hochgelobt er, der da kommt im Namen des Herrn. Benedictus qui venit in nomine Dominum.

BENEDICTUS QUI VENIT IN NOMINE DOMINI

*Benedictus
qui venit in nomine Domini.
Hosanna in excelsis.*

Gehört zu meinem Menschsein jedoch nicht auch die Erfahrung der Negativität? Und das heißt die Erfahrung von Leid, Krankheit und Sterben, aber auch die Erfahrung von Versagen, Schuld und Sünde? Mit Versagen, Schuld und Sünde ist von Anfang an jenes Symbol verbunden, »das die Sünde der Welt hinwegnimmt«, das stellvertretende leidende »Gotteslamm«. Und so folgt auf das Benedictus konsequenterweise der Bittruf, das Agnus Dei.

Lamm Gottes? Was die Katholiken empfänden, wenn sie »Agnus Dei«, »Lamm Gottes«, sagen, meinte Mozart im Haus des damaligen Leipziger Thomaskantors, könnten Protestanten gar nicht verstehen. Vielleicht doch, würde ich heute sagen: Keine Heiligen jedenfalls, nicht Maria und auch nicht der Papst werden in den Bitten und Fürbitten dieser Meßgesänge als Mittler angerufen, sondern nur der eine Heilige selbst, der messianische Gesandte, der Knecht, Sohn Gottes, das Lamm Gottes: »Herr, erbarme dich unser!« Zweimal schließt sich das Miserere an, das Mozart gegen die sonst übliche Musiktradition nicht abwechselnd

*Hochgelobt sei,
der da kommt im Namen des Herrn.
Hosanna in der Höhe.*

von Solisten und Chor, sondern durch eine Einzelstimme singen läßt. Der einzelne Mensch steht zunächst vor Gott und bittet um Erbarmen, bevor dann der Chor einfällt.

Bevor wir das hören, eine Bemerkung zum Schluß, zum »Dona nobis pacem«: Ich hoffe, es ist auch Ihnen so ergangen: Diese Musik, die man oft als allzu weltlich, unkirchlich, allzu opernhaft kritisiert hat und aus dem Gottesdienst – vergeblich übrigens – verbannen wollte, erfahre ich nicht nur als Musik *beim* Gottesdienst, sondern *als* Gottesdienst. Für mich ist diese Musik, die der Meister ohne spezielle theologische Reflexion geschrieben hat, musikalisch erklingende Liturgie. Und wahrhaft: Dieser Genius der Musik hat vielleicht auch mehr vom Zentrum des Christentums verstanden als manche dogmatisch verengten Theologen und autokratischen Kirchenbeamten damals wie heute. Und: Mit Verstand und Glauben vernommen, ist diese Musik alles andere als ein Opium des Volkes, das Euphorie und Benommenheit produzierte. Diese Musik kann vielmehr – ohne alle Suchtgefahr und Gewöhnung – ein

Remedium des Volkes sein: im besten Sinn ein Heilmittel, das Angst stillen, Schmerz lindern, das neuen Lebensmut und auch Sterbenstrost zu vermitteln vermag; Frieden also im Leben und Sterben, ein Friede, der alle Vernunft übersteigt. Und fürwahr: Wenn Mozart in seiner Musik auch theologisch etwas Besonderes, etwas wahrhaft Ökumenisches auszudrücken vermochte, dann ist es dieses auch alles Negative des Lebens vertrauensvoll umfangende, heilsgewisse große Ja: Leben *und* Tod in ihrer Wirklichkeit und in ihrer Begrenzung umgriffen. Am 4. April 1787, nur vier Jahre vor seinem eigenen Sterben, hatte der einunddreißigjährige Wolfgang Amadeus Mozart seinem todkranken Vater geschrieben:

»... – ich lege mich nie zu bette ohne zu bedenken, daß ich vielleicht / so Jung als ich bin / den andern Tag nicht mehr seyn werde – und es wird doch kein Mensch von allen die mich kennen sagn können daß ich im Umgange mürrisch oder traurig wäre – und für diese glückseeligkeit danke ich alle Tage meinem Schöpfer und wünsche sie von Herzem Jedem meiner Mitmenschen. –«

AGNUS DEI QUI TOLLIS PECCATA MUNDI

Agnus Dei,
qui tollis peccata mundi:
miserere nobis.

Agnus Dei,
qui tollis peccata mundi:
miserere nobis.

Agnus Dei,
qui tollis peccata mundi:
dona nobis pacem.

*Lamm Gottes,
du nimmst hinweg die Sünde der Welt:
erbarme dich unser.*

*Lamm Gottes,
du nimmst hinweg die Sünde der Welt:
erbarme dich unser.*

*Lamm Gottes,
du nimmst hinweg die Sünde der Welt:
gib uns deinen Frieden.*

ERWIN KOLLER
Nachwort

Den vorliegenden Texten liegt eine gemeinsame Idee zugrunde. Sie ist einfach und utopisch zugleich. Noch immer haben Werke, die ihre Zeit überragten, nach Vergegenwärtigung gestrebt, die Erzählungen heiliger Bücher ebenso wie die Partituren großer Meister. Verkündigung, Liturgie und musikalisches Lob standen im Dienst dieser Aktualisierung. Mit Kanzel, heiliger Bühne und Sängerempore schufen die Kirchen einen Raum, der den verschiedenen Künsten ihren Ort gab.
Die großen Liturgien und die kirchenmusikalischen Schöpfungen repräsentieren somit ihrerseits geschichtliche Auslegungen biblischen Erbes und gläubiger Erfahrung. In ihrer Darbietung haben sich die beiden Traditionsstränge allerdings im Laufe der Geschichte weitgehend auseinanderentwickelt in die je eigene Ästhetik und Esoterik des Konzertsaals und des Kirchenraums.
Die in ihrem Wesen angelegte, für jede Zeit notwendige Neuinterpretation dieser Werke auch im Fernsehen zu wagen lag darum nahe, ist es doch mit seinen Möglichkeiten der technischen Reproduktion und Übermittlung von Wort, Ton und Bild Medium der Vergegenwärtigung wie kaum ein anderes.

Die Utopie beginnt dort, wo die Einsicht zur Notwendigkeit wird, daß damit die Kirche nicht im Dorf und die Musik nicht im Konzertsaal bleiben kann. Die elektronische Technik wird zum vermittelnden Medium erst dann, wenn sie nicht bloß abbildet und verstärkt, reproduziert und vervielfältigt, sondern umsetzt.
Das Gestrige ist heute nur dasselbe, wenn es sich neu darstellt, wenn es also in einer neuen Situation auch ein neues Bedürfnis nach Wahrnehmung schafft. Das Ferne kommt nahe nur dadurch, daß es sein Geheimnis nicht im Exoti-

schen verbirgt, sondern im Einfühlbaren enthüllt und doch seine Aura nicht preisgibt. Erfahrene Erlösung enträt der Beherrschung durch neue Mächte nur, wenn sie bedeutsam wird für Befreiungsprozesse hier und heute.
Die Rituale der Selbstvergewisserung bezeugen aber in der religiösen ebenso wie in der musikalischen Szene, wie sehr Traditionen ihre Tradition gegen sich haben.

So braucht es denn also starke Anwälte der Gegenwart, Mahnerinnen und Frager, Kläger und Anklägerinnen, Prophetinnen und Zweifler, Ketzer und Fromme, die sich dem Genius des geschichtlichen Werks stellen und sich dessen selbstvergessenem Genuß in die Quere legen. Liturgie und Kirchenmusik, durch Tradition und Institution in einer – wenn auch oft imaginären – Mitte verankert, können ihren Kontrapunkt nur von den Rändern engagierter Skepsis, epochaler Bedrängnis und krisenbewußter Reflexion gewinnen.

In der formalen Umsetzung stellt sich denn auch – der Leserin und dem Leser der vorliegenden Texte nur erahnbar – vorerst eine Fremdheit ein, ein ungewohnter Blick vom einen zum andern und zurück, wie immer, wenn Dinge in Nachbarschaft geraten, die ein anderes Umfeld gewohnt sind.
Sinnenfällig wurde dies, wenn etwa ein Günter Wallraff, Autor von »Ganz unten«, oben auf der Zwinglikanzel des Großmünsters stand. Es tut gut, wenn man bei solcher Gelegenheit an das Wort Zwinglis erinnert wird: »Alle, die sagen, das Evangelium gelte nichts ohne die Bestätigung der Kirche, irren und schmähen Gott.«
Befremdend, das Gewohnte durchbrechend, gerade so aber eine spürbare Unruhe aufgreifend, waren auch die

Worte Wolfgang Hildesheimers wenige Tage nach der Öko-Katastrophe in Schweizerhalle bei Basel[1]. Wie ein alttestamentlicher Prophet führte er zum Mozartschen Requiem Klage gegen die Umweltzerstörer und löste betretenes Schweigen aus, als er sein Gebet »Herr, gib ihnen die ewige Ruhe nicht« in die Menge hinausrief.

Daß dies geschehen konnte auf dem Hintergrund des bald 200 Jahre alten Requiem von Mozart, weist auf eine weitere Eigenheit dieser »Musikalischen Meditationen« hin: Die Umsetzung in ein anderes Medium bedeutet nie eine wendige Anpassung, ein modisches »Aggiornamento«. Denn damit wäre die Frage nach der Wirksamkeit von Kunstwerken über die Zeit, die Kulturen und Ideologien hinweg nicht zu beantworten.
Es gibt Botschaften, die zu gewissen Zeiten »überwintern« müssen, und ihre Vermittlung lebt gelegentlich von dem, was Arnold Gehlen einmal pointiert festgestellt hat: »Kultur ist ihrem Wesen nach ein über Jahrhunderte gehendes Herausarbeiten von hohen Gedanken und Entscheidungen, aber auch ein Umgießen dieser Inhalte zu festen Formen, so daß sie jetzt, gleichgültig gegen die geringe Kapazität der kleinen Seelen, weitergereicht werden können, um nicht nur die Zeit, sondern auch die Menschen zu überstehen... Es finden sich schon wieder Geister, die ihre mögliche Ergiebigkeit entwickeln.« (»Urmensch und Spätkultur«, Bonn 1956, S. 26 f.)
Vermittlungsarbeit erzeugt immer Spannung. Und sie lebt von der kraftvollen Profilierung ihrer Pole, ihrer Herkunft

---

[1] Der Text von Wolfgang Hildesheimer erscheint unter dem Titel »Klage und Anklage« beim Suhrkamp Verlag (1989).

und ihres Endpunktes. Das Abschlagen von Patina und Firnis gehört ebenso dazu wie der unerschrockene und klarsichtige Blick auf das, was auf uns zukommt.

Die Ästhetik des Fernsehbildes hat diese Idee aneinander sich reibender Zeiten und Kulturen ihrerseits dadurch unterstützt, daß sie die Musikwerke des Barock und der Klassik in elementar-wuchtigen, in ihrer Ausstattung aber karg-asketischen Kirchenräumen der Romanik und der frühen Gotik zur Aufführung brachte.

Inhaltlich sind die fünf bis zum Zeitpunkt der Publikation dieser Texte realisierten »Musikalischen Meditationen« ausgegangen von den großen Geschichten der Bibel, der Schöpfung, der Geburt und der Passion Christi, sowie den alten Texten im Ritus der Messe und im Requiem. Damit wurden einige große Themen geschichtlicher Erfahrung und modernen Bewußtseins reflektiert, die im folgenden, gemäß dem historischen Ablauf unserer Produktionen, kurz genannt seien.

Kaum eine Erfahrung durchzieht die Geschichte der Menschheit so beständig wie das Leid. Kaum ein Argument erschüttert den Glauben an einen gütigen Gott so heftig wie der Schmerz und die Plage aller Kreatur. Und doch ist kein Symbol den Christen so vertraut und selbstverständlich wie der geschundene Jesus am Kreuz.
Die Leidensgeschichte Jesu ist seit Jahrhunderten fester Bestandteil der Karwochenliturgie. Einen Höhepunkt hat diese Tradition in der musikalischen Umsetzung durch *Johann Sebastian Bach* gefunden, der in seiner *Johannespassion* die Dramatik des äußeren Geschehens ebenso zum Ausdruck bringt wie seine Bedeutung für die gläubig-verin-

nerlichende Betrachtung. Die Theologin und Schriftstellerin *Dorothee Sölle* erzählt in ihren Texten anstelle jener betrachtenden Arien vom Leiden heutiger Menschen. Ihre sensible Zeitgenossenschaft macht sie ganz besonders in ihren lyrischen Texten spürbar. Wie schon der Evangelist Johannes fragt sie durch die Leidensgeschichte hindurch nach unserem Verhältnis zur Wahrheit und zur Macht, zu uns selbst und zu Gott.

So vertraut die Musik von *Wolfgang Amadeus Mozart* und so gewohnt der Text des *Requiem* sind, so ungewöhnlich ist seine Entstehung und so unheimlich sein Gehalt. Daß Mozart über der Arbeit an seinem Requiem starb, wissen wir spätestens seit der Amadeus-Euphorie. Daß der Hauptteil des Requiem, das Dies irae (Tag des Zornes) 1970 aus der offiziellen römischen Liturgie gestrichen wurde, blieb vielen unbekannt: Zu schauerlich klangen einem neu reflektierten Erlösungsbewußtsein diese unerbittlich-drohenden Szenen des Gerichts.

Der Schriftsteller *Wolfgang Hildesheimer*, der das Mozartbild einer ganzen Epoche geprägt hat, hat somit einen Text aufgegriffen, der in der Kirche nicht mehr richtig heimisch, und eine Musik, die Fragment geblieben und längst aus dem Kirchenraum in die Konzertsäle abgewandert ist. Hildesheimers klagende und anklagende Trauer gilt weniger dem individuellen Tod des einzelnen als vielmehr dem Ende der gesamten Menschheit. So spricht er sein Dies irae aus über jene, die sich daran schuldig machen.

Joseph Haydns »Schöpfung« verbindet das fromme Lob auf den Weltenschöpfer mit dem Pathos eines aufgeklärten Menschenbildes. Das biblische Sechstagewerk wird zum Symbol einer von der Fortschrittsidee geleiteten Natur- und Menschheitsgeschichte. Was mit dem Chaos begann, vollendet sich mit der Schaffung dessen, der sich als Abbild des Schöpfers sieht:

»Mit Würd' und Hoheit angetan,
mit Schönheit, Stärk' und Mut begabt,
gen Himmel aufgerichtet steht der Mensch,
ein Mann und König der Natur.«

Haydns Oratorium wurde zehn Jahre nach der Französischen Revolution in Wien uraufgeführt. Des Menschen Würde und seine daraus abgeleiteten Rechte sind bis heute Angelpunkt unserer gesellschaftlichen Verfaßtheit und Auseinandersetzung. »Die Würde des Menschen ist unantastbar« lautet etwa der erste Artikel des Deutschen Grundgesetzes.
Doch das aufklärerische Pathos ist der Skepsis gewichen. Zu genau wissen wir, was der Mensch, der Mann, als Krone der Schöpfung mit ihr angerichtet hat. Zu offensichtlich ist der Widerspruch zwischen Verfassungsanspruch und Alltagswirklichkeit, wenn es um die Würde des Menschen geht, vor allem »ganz unten«.
Günter Wallraff ist Zeuge der zynischen Verachtung von Menschen geworden, gerade weil er immer wieder ein leidenschaftlicher und unbequemer Kämpfer für die Würde des Menschen war: als Demonstrant, der sich im Athen der griechischen Militärdiktatur an einen Laternenpfahl fesselte und eingesperrt wurde; als Journalist, der inkognito die Mechanismen eines großen deutschen Boulevardblattes von innen kennenlernte; als Türke Ali, der das bittere Schicksal deutscher Gastarbeiter teilte.
Bei der Würde des Menschen setzt auch Wallraffs Nachdenken zur »Schöpfung« an, nicht begrifflich zwar, wohl aber der Sache nach. Denn er ist überzeugt, daß die Würde

des Menschen gerade nicht darin besteht, daß er sich über die Schöpfung erhebt, sondern daß er in ihr den ihm zukommenden Platz sucht. Der Grund für die Unterdrückung und Ausbeutung von Menschen durch Menschen liegt letztlich darin, daß die Menschen ihren Ort in der Schöpfung, eine wie auch immer anspruchsvolle Harmonie mit der Natur, nicht gefunden haben.
Beim Versuch, ihren Ort in der Welt zu finden, haben Menschen immer wieder zurückgeblickt auf ihre Anfänge, vor allem in Zeiten der Krise, wenn sie ihre Visionen für die Zukunft bedroht sahen. So entwarf schon der biblische Autor zur Zeit des babylonischen Exils im 6. Jahrhundert v. Chr. den Schöpfungsbericht. Und so schuf auch Haydn mitten im gesellschaftlichen Umbruch am Ende des 18. Jahrhunderts seine »Schöpfung«.
Wenn wir aber am Ende des 20. Jahrhunderts angesichts der drohenden Abgründe die Vision auf die Zukunft unserer Kultur mit dem Blick zurück auf die Anfänge verbinden, scheint es uns angemessen, auch musikalisch diesen Gang zurück bis zur bitteren Konsequenz durchzuhalten: Bei der Aufführung von Fragmenten aus Haydns »Schöpfung« begannen wir mit dem Lob auf die Vollendung am letzten Tag der Schöpfung und endeten mit der Schilderung des Chaos am Beginn der Schöpfung ...

Das *Magnificat* ist das Gebet, mit dem Maria ihrer Freude über die anstehende Geburt ihres Sohnes Jesus Ausdruck gab. Der Lobgesang steht nach Form und Inhalt ganz und gar in der prophetischen Tradition des Alten Testaments. Er proklamiert einen Gott, der auf der Seite der Erniedrigten und Hungernden steht.
In der Liturgie hat das Magnificat von jeher seinen festen Platz in der Vesper. Für diesen Gebrauch hat es auch *Johann*

Sebastian Bach vertont, wahrscheinlich zum Weihnachtsfest 1723. Wegen seines musikalischen Einfallsreichtums und seiner konzisen Form ist es seit Anbeginn als ein Juwel der Kirchenmusik verehrt worden.

Luise Rinser geht in ihrer Meditation auf die historischen Wurzeln des Magnificat zurück, so wie sie es schon in ihrem Roman »Mirjam« tat. Dort läßt sie Maria von Magdala, eine der wichtigsten Frauengestalten der Evangelien, Jesus begegnen und ihn begleiten. Ihr Buch ist so zur Darstellung der Jesusgeschichte aus einer Frauenperspektive geworden, in die Luise Rinser die Ergebnisse der neutestamentlichen sowie der religions- und sozialwissenschaftlichen Forschung eingearbeitet hat.

Vor diesem Hintergrund gelingt es Luise Rinser, sich der biblischen Maria und ihrem Gebet unbefangen und unbelastet von domatischen Festlegungen zu nähern. Und sie vermag sie so als Figur des Glaubens darzustellen, überzeugend auch jenseits alter und neuer konfessioneller Gräben und Streitigkeiten.

»Es gibt drei Mächte, nur drei Mächte auf Erden, die das Gewissen dieser kraftlosen Rebellen [d. i. der Menschen] zu ihrem eigenen Glück auf ewig besiegen und gefangennehmen können – diese Mächte sind: das Wunder, das Geheimnis und die Autorität.« So sagt der Großinquisitor in Fjodor M. Dostojewskijs Roman »Die Brüder Karamasow« zum wieder auf der Erde erschienenen Jesus, den er eben hat einsperren lassen. Und der Kardinal-Großinquisitor macht im spanischen Sevilla des 16. Jahrhunderts Jesus den Vorwurf einer unverzeihlichen Torheit, daß er nämlich auf das Gewissen, auf den freien Entschluß ihres Herzens und auf die Liebe der Menschen baute. »Wir haben deine Tat verbessert und sie auf das Wunder, das Geheimnis und die Autorität gegründet. Und die Menschen freuen sich, daß sie wieder geführt wurden wie eine Herde.«

Religion und Macht, Religion als Opium des Volkes, welcher aufmerksame Zeitgenosse und Beobachter gegenwärtiger Kirchenherrschaft dächte nicht daran, wenn er sich *Wolfgang Amadeus Mozarts Krönungsmesse* gegenübersähe. Sie wurde in Auftrag gegeben vom letzten regierenden geistlichen Landesfürsten Salzburgs, dem Erzbischof Graf Hieronymus Colloredo, der selbstherrlich und despotisch die Verbindung von Thron und Altar ausnutzte, gerade auch in der mehrfachen Demütigung seines Hofkompositeurs Mozart. Zehn Jahre nach der Uraufführung der »Missa brevis« in Salzburg wurde in Paris der Thron weggefegt und der Altar auf Dauer erschüttert.

Die tiefen Kränkungen, die die Arroganz religiöser Macht auch in unserem Jahrhundert bis in diese Tage in den Herzen von Christen und Nichtchristen hinterlassen hat und noch hinterläßt, können durch keine noch so wohlklingende Harmonie musikalisch-rhetorischer Meditation vergessen werden. Vielmehr müssen sie in ihrer Tiefe ernst genommen, öffentlich ausgesprochen und in ihren Ursachen einer Heilung nähergeführt werden. Schließlich hat jeder Mensch sein ambivalentes Verhältnis zur Macht, das humaner Reflexion und Meditation bedarf, egal, ob sie religiös oder säkulär zu verantworten ist.

Der Schweizer Theologe *Hans Küng* aus Tübingen hat sich schon immer mit dem Machtanspruch kirchlicher Autorität auseinandergesetzt. In seiner theologischen Meditation zur Krönungsmesse versucht er darum, das Christentum wieder von jener Mitte her zu interpretieren, die in den uralten Texten der Liturgie vorgegeben ist: im Kyrie, im Gloria, im Credo, im Sanctus und Benedictus, im Agnus

Dei. Er ruft den Herren in der Kirche den wirklichen Herrn in Erinnerung. Und er versteht das Miserere, die Bitte um das Erbarmen Gottes, als Aufruf zum Widerstand gegen die bleierne Hoffnungslosigkeit, gerade auch in der Kirche.

Alle diese Meditationen haben viel Zuspruch erhalten, aber auch Widerspruch. Doch er kann der Tatsache nichts anhaben, daß in diesen Meditationen Kirche oftmals mehr zu sich selbst gekommen ist als durch manche fromme Spekulation.

So bleibt mir zu danken, den Autorinnen und Autoren der Texte zuallererst, den Kirchgemeinden, bei denen wir zu Gast sein durften, den Solisten und den Mitwirkenden im Chor und im Orchester, den vielen Mitarbeiterinnen und Mitarbeitern im Programm und in der Technik des Fernsehens DRS und schließlich ganz besonders meinen Kollegen in der Redaktion: Alfred Mensak von Radio Bremen, Urs Meier vom Evangelischen Fernsehdienst in Zürich, meinem Kollegen und Mitproduzenten Armin Brunner von der Redaktion Musik & Ballett des Fernsehens DRS, unserem Regisseur Adrian Marthaler und last but not least Alex Bänninger, dem Leiter der Abteilung Kultur & Gesellschaft und prononcierten Förderer dieser Reihe. Ich konnte oft feststellen, mit welcher Freude sie alle an einem Programm gearbeitet haben, das ein anderes als das übliche Fernsehen repräsentiert. Ich bin überzeugt, daß es nach den Zuschauerinnen und Zuschauern nun auch die Leserinnen und Leser zu schätzen wissen.

Zürich, Februar 1989

Erwin Koller

Anhang

Daten zu den »Musikalischen Meditationen«

DOROTHEE SÖLLE

Wer hat dich so geschlagen?

Musik: Johann Sebastian Bach, »Johannespassion«
Aufzeichnung aus dem Münster Allerheiligen in Schaffhausen
Regie: Fred Bosman
Ausstrahlung TV DRS: 31. März 1985, 10.00 Uhr

WOLFGANG HILDESHEIMER

Herr, gib ihnen die ewige Ruhe nicht
Gedanken über Leben und Tod

Musik: Wolfgang Amadeus Mozart, Requiem KV 626 (Fragment)
Aufzeichnung aus der Klosterkirche Königsfelden in Windisch
Regie: Adrian Marthaler
Ausstrahlung TV DRS: 23. November 1986, 10.00 Uhr

GÜNTER WALLRAFF

Und macht euch die Erde untertan . . .
Eine Widerrede

Musik: Joseph Haydn, »Die Schöpfung«
Aufzeichnung aus dem Großmünster in Zürich
Regie: Adrian Marthaler
Ausstrahlung TV DRS: 15. November 1987, 10.00 Uhr

LUISE RINSER

Die Mächtigen stürzt er vom Thron
Ein politisches Gebet

Musik: Johann Sebastian Bach, Magnificat D-dur BWV 243
Aufzeichnung aus der Abteikirche in Payerne
Regie: Adrian Marthaler
Ausstrahlung TV DRS: 4. September 1988, 10.00 Uhr

HANS KÜNG

Opium des Volkes?
Eine theologische Meditation

Musik: Wolfgang Amadeus Mozart, Krönungsmesse KV 317
Aufzeichnung aus dem Basler Münster
Regie: Adrian Marthaler
Ausstrahlung TV DRS: 16. April 1989, 10.00 Uhr

Zu den Autoren

DOROTHEE SÖLLE, geboren 1929 in Köln, studierte in Köln, Freiburg und Göttingen klassische Philologie und Philosophie, sodann Theologie und Germanistik. 1972 habilitierte sie sich an der Universität Köln mit einer Arbeit über Zusammenhänge von Literatur und Theologie nach der Aufklärung. Seit 1975 übernimmt sie jedes Frühjahr für ein Semester eine Professur am Union Theological Seminary in New York.
Dorothee Sölle vertritt eine Position, die der in Lateinamerika entwickelten »Theologie der Befreiung« nahekommt. So hat sie stets Befreiungskämpfe der Dritten Welt wie auch die europäische und amerikanische Friedensbewegung mit engagierter Sympathie begleitet.
Dorothee Sölle ist seit den sechziger Jahren schriftstellerisch tätig und hat zahlreiche Bücher publiziert.

GÜNTER WALLRAFF, geboren 1942 in Burscheid bei Köln, machte nach dem Gymnasium eine Buchhändlerlehre und wurde 1962 zur Bundeswehr eingezogen, wegen seines passiven Widerstands jedoch schließlich als »abnorme Persönlichkeit für Krieg und Frieden untauglich« entlassen. Seine Erlebnisse als Arbeiter in fünf deutschen Industriebetrieben zeichnete er 1966 auf und arbeitete dann als Redakteur bei den Zeitschriften »Pardon«, »konkret« und »dasda«. Daneben schrieb er Hörspiele und Dokumentationen. Im Zentrum seiner Arbeit standen zum Teil spektakuläre Aufdeckungen von illegalen und ungerechten Tätigkeiten. Hierfür schlüpfte er einmal in die Rolle eines Boten beim deutschen Gerling-Konzern, ein andermal deckte er als Agent von Waffenlieferanten eine Verschwörung des ehemaligen portugiesischen Staatspräsidenten Spinola auf, oder er dokumentierte als getarnter Zeitungsreporter die fragwürdigen Arbeitstechniken der deutschen »Bild«-Zeitung. 1985 löste Wallraff mit seiner Rolle als türkischer Fremdarbeiter Ali so viel Aufmerksamkeit, Echo und auch Schwierigkeiten aus wie nie zuvor. Der in Buchform erschienene Bericht »Ganz unten« wurde zum größten deutschen Bucherfolg.

LUISE RINSER, geboren 1911 in Pitzling in Oberbayern, wurde nach dem Studium der Psychologie und der Pädagogik Volksschullehrerin. Da sie sich weigerte, in nationalsozialistischen Organisationen mitzuwirken, wurde ihr nach vier Jahren Lehrertätigkeit 1939 die Entlassung aus dem Staatsdienst angekündigt. Sie trat dann selbst aus, heiratete, hatte zwei Söhne und schrieb ihr erstes Buch, die Erzählung »Die gläsernen Ringe«, dessen zweite Auflage von den Nazis ebenso verboten wurde wie alle weiteren schriftstellerischen Arbeiten. 1945–55 arbeitete sie für die »Neue Zeitung« in München und »Die Weltwoche« in Zürich vor allem als Literaturkritikerin. 1959 zog sie nach Rocca di Papa in der Nähe von Rom, wo sie seither als Schriftstellerin lebt. Ihre rund zwei Dutzend Bücher wurden in mehr als zwanzig Sprachen übersetzt und erreichten eine Gesamtauflage von über vier Millionen Exemplaren. Als Christin mit einem starken gesellschaftlichen Engagement stieß sie mit ihren Publikationen nicht nur auf Zustimmung. Außer Romanen und Tagebüchern schrieb sie Kinder- und Jugendbücher, Stücke für das Theater und das Kino, für Radio und Fernsehen, Berichte über Reisen in zahlreiche Länder, vor allem nach Südostasien. Ihr Roman »Mirjam«, 1983 erschienen, setzt sich aus der Sicht einer Frau, Maria von Magdala, mit Jesus von Nazareth und seiner Botschaft von der Gewaltlosigkeit auseinander.

HANS KÜNG, geboren 1928 in Sursee/Schweiz. 1948–55 Studium der Philosophie und Theologie an der päpstlichen Universität Gregoriana in Rom. 1954 Ordination; 1955 Studium an der Sorbonne und am Institut Catholique in Paris. 1957 Doktorat der Theologie. 1957–59 praktische Seelsorge an der Hofkirche in Luzern. 1960 Berufung an die Universität Tübingen als Ordentlicher Professor für Fundamentaltheologie. 1962 von Papst Johannes XXIII. zum offiziellen Konzilsberater ernannt. Seit 1963 Professor der dogma-

tischen und ökumenischen Theologie und Direktor des Instituts für ökumenische Forschung, seit 1980 fakultätsunabhängiger Professor für ökumenische Theologie und Direktor des Instituts für ökumenische Forschung.
Hans Küng ist Autor zahlreicher Bücher. Seine wohl umstrittenste Publikation war 1970 das Buch »Unfehlbar? Eine Anfrage«. Das Buch führte zu einer langen Auseinandersetzung mit dem Vatikan und schließlich 1979 zum Entzug seiner kirchlichen Lehrbefugnis. In den achtziger Jahren hat er sich intensiv dem Dialog des Christentums mit den Weltreligionen zugewandt.

Ruedi Leuthold

Das schwächste Glied der Kette
Frauen zwischen Koka und Kokain

184 Seiten, Broschur

Ruedi Leuthold zeigt am Beispiel südamerikanischer Drogenschmugglerinnen, die in unseren Gefängnissen sitzen, die Kälte, die sich durch alle Bereiche unserer Gesellschaft zieht. Er rückt ein exotisch scheinendes Thema in unsere unmittelbare Nähe und zeigt, daß die Probleme der Dritten Welt unlösbar mit unseren eigenen verknüpft sind.

Erhältlich bei Ihrem Buchhändler.